# ADIVINACIONES Y PROFECÍAS

*Dirección Editorial:* Julián Viñuales, Juan María Martínez.
*Coordinación editorial:* Juan Ramón Azaola.
*Dirección técnica:* Miguel Carod, Eduardo Peñalba.
*Coordinación técnica:* Pilar Mora, Rolando Días.
*Edición:* Raquel Medina, Luis García, Marta Carranza,
Lorenzo Sacasa, Pat Daniels, Anne Horan.
*Diseño y Documentación gráfica:* Jose María Sáez de Almeida,
Luisa Mª Fernández-Pacheco.
*Versión castellano:* Mercedes Córdova.
*Administración general:* Iñigo de Castro, Marta Arenas.
*Suscripciones:* Francisco Perales.
© Time-Life Books Inc.
ISBN 0-7835-0367-9
Impreso en los Estados Unidos de América
R  10  9  8  7  6  5  4  3  2  1

# ADIVINACIONES Y PROFECÍAS

# SUMARIO

# CAPÍTULO 1

# Conocer el futuro

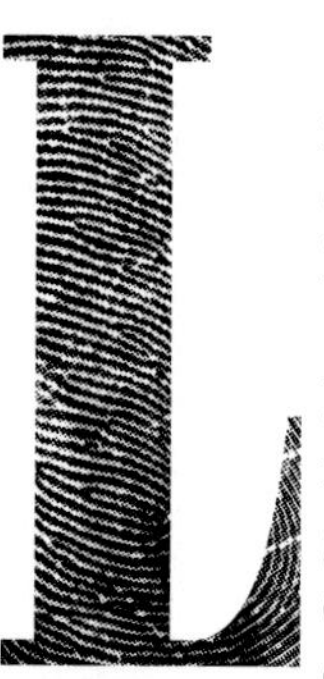

a historia está llena de sorprendentes predicciones acerca de lo que nos deparará el futuro. Pero pocas han sido tan precisas y han tenido tanto impacto como la que, según se dice, realizó Jacques Cazotte en una cena de gala, en París, a principios de 1788.

Transcurrido algún tiempo, uno de los asistentes, Jean-François de La Harpe, escribió un detallado relato de lo que que se dijo. Se trataba de una fiesta animada. El anfitrión era un conocido noble que destacaba por su inteligencia y había invitado a una no menos brillante concurrencia: escritores, cortesanos, miembros de la Academia Francesa, damas de la nobleza, todos ellos famosos por sus dotes de conversadores y su buen humor. El mismo Cazotte era un distinguido escritor, autor de la novela oculta *Le Diable Amoureux*, El diablo enamorado. La cena era suntuosa, el vino corría en abundancia y todos competían por ser más osados hablando e irreverentes que los demás. Ningún tópico era sagrado. Las damas escuchaban sin ruborizarse unas historias deliciosamente perversas, cualquiera podía burlarse de la religión, se alababa a Voltaire, el filósofo iconoclasta. Todos coincidían en que era necesaria la revolución en Francia, un cambio que, de un escobazo, barriera todas las supersticiones y fanatismos.

Fue entonces, se dice, cuando Cazotte acalló las risas con la siguiente declaración: «Señoras y señores, no os preocupéis. Todos vosotros veréis esa gran revolución que tanto anheláis. Tengo algo de profeta y os lo aseguro, la veréis.» Continuó describiendo, con escalofriantes detalles, cómo afectaría la inminente revolución a cada uno de los invitados.

«Vos, Monsieur de Condorcet, moriréis en el suelo de piedra de una celda después de haber tomado una veneno para engañar al verdugo. Y vos, Monsieur de Chamfort, os cortaréis veintidós veces las venas con una cuchilla, pero no moriréis hasta después de transcurridos unos meses. Vos, Monsieur de Nicolai, en la guillotina. Lo mismo que vos, Monsieur Bailly, en la guillotina.» Cazotte continuaba y la gente empezó a murmurar: «Este hombre está loco, ¿no veis que es una broma? Sus bromas siempre son así, fantásticas y truculentas.» La Harpe, conocido librepensador, objetó que Cazotte no le había profetizado nada.

«Ah, vos». Con vos veo algo aun más extraordinario: os haréis cristiano. Todos los invitados estallaron en risas y Chamfort dijo: «Qué alivio. Si no hemos de morir hasta que La Harpe se haga cristiano, somos prácticamente inmortales.»

«¿Y, nosotras, las damas?, preguntó la duquesa de Grammont. En esa revolución vuestra seguro que no recibiremos ningún daño». Y Cazotte respondió. «Vuestro sexo, señoras, no será ninguna protección en este baño de sangre. Vos, señora duquesa, y muchas otras damas seréis conducidas a la guillotina, con las manos atadas a la espalda como los criminales comunes.» Y ante las muestras de incredulidad del grupo, hizo la última profecía, la más terrible: «Debo deciros que nadie estará a salvo, ni siquiera el rey y la reina de Francia.»

Si esta historia es cierta, como afirmaron algunos testigos, aunque no la divulgaran hasta después de la revolución, es seguramente una de las profecías más precisas de todas la historia. Durante cinco años, la visión de Jacques Cazotte se cumplió en casi todos los detalles. La Revolución Francesa, que empezó en 1789 con unos elevados ideales, se transformó en una violenta orgía de sangre. Las personas que habían cenado con Cazotte encontraron el destino que se les había profetizado. Pero no había dicho nada acerca de su propio destino: murió guillotinado en 1792.

Cuando Cazotte comentó que tenía algo de profeta, reivindicó poseer uno de los dones más antiguos de la historia. Todas las épocas han tenido sus visionarios, personas que parecen poseer una segunda visión que les permite echar una ojeada a través de los resquicios del tiempo. Algunos han afirmado que su conocimiento les venía de Dios. Otros creen que tienen poderes proféticos sobrenaturales negados a otras personas.

Pero para mucha gente, la capacidad de ver el futuro siempre ha parecido estar colgada, atractivamente, lejos del alcance de la mano. Al carecer de visión profética, se han vuelto hacia la

adivinación, es decir, el arte de descubrir conocimientos ocultos por la interpretación de símbolos y presagios. Los intentos humanos de conocer lo inconocible por esos medios están reflejados en los objetos más antiguos, como los modelos babilónicos de los hígados de cordero, marcados con instrucciones para los adivinos, o los huesos de animal chinos en los que se escribían predicciones. Algunos métodos se han vuelto tan esotéricos que requieren muchos años de estudio, como las cartas del Tarot, o los símbolos del I Ching. Otros se han centrado en el aquí y ahora. Los que buscan las claves de la personalidad humana en las características físicas, por ejemplo, han desarrollado durante siglos métodos como la quiromancia.

Es el futuro y no el presente lo que más seduce al adivino. Y no está interesado en cualquier futuro sino en el fascinante tema del destino humano, tanto el destino de un individuo como el destino de una nación. Hasta el campesino, que cree saber qué tiempo hará al día siguiente según el comportamiento de las aves, se pregunta qué le ocurrirá a él. ¿Se secarán sus cosechas y sus esperanzas bajo un sol abrasador o sus campos brillarán exuberantes gracias a la lluvia y tendrá un rico agosto?

En realidad, muchos acontecimientos futuros son fácilmente predecibles. Sabemos que el sol sale por el este y se podrá por el oeste. Este tipo de fenómenos siguen unas pautas naturales fácilmente observables. También podemos predecir a través de la estadística. Los números nos permiten saber cuántas personas morirán en accidente de tráfico en un año. Y la ley de los promedios nos permite saber que ese mismo año habrá un gran terremoto en algún lugar del globo, y una devastadora sequía. Pero las características únicas de esos acontecimientos son imposibles de predecir por medios explicables.

¿Qué día, a qué hora, cuándo moriré? ¿Qué zona del mundo sacudirá el terremoto? Todavía no hay ninguna ciencia que pueda dar respuesta a estas cruciales preguntas.

Sin embargo, fuera del ámbito científico, en las brumosas tierras de lo paranormal, muchas personas afirman tener la visión que se les niega a los científicos y eruditos. John William Dunne era una de estas personas.

En enero de 1901, ese soldado británico convalecía en la Riviera italiana de una herida recibida en la guerra de los Bóer en África del Sur. Una noche soñó que había regresado a África, y se encontraba en un polvoriento pueblo sudanés al que llegaban tres harapientos exploradores. A la mañana siguiente, Dunne vio los titulares de un diario inglés en los que se anunciaba la llegada a Jartum de la expedición que el mismo periódico había organizado. La descripción de su estado físico y de las dificultades que habían encontrado en el camino se correspondían exactamente con lo que Dunne había soñado. A este sueño le siguieron otros: la erupción de un volcán destruía una ciudad isleña, una fábrica de gomas se quemaba. Y siempre, al día siguiente, sus sueños eran corroborados por los titulares de los diarios.

Dunne pensó que tal vez muchas personas tenían sueños proféticos pero que los olvidaban al despertar o no eran capaces de entender su significado. Al principio de su carrera de aeronáutica, durante la cual diseñó el primer avión militar británico, empezó a divulgar sus sueños. En 1927 Dunne escribió *An Experiment with Time*, donde afirmaba que los sueños son una mezcla de imágenes del pasado y el futuro, y que pueden utilizarse como herramienta de predicción por todo aquel que tenga la paciencia de registrarlos y analizarlos. El tiempo es multidimensional, escribió. Los acontecimientos existen antes de que ocurran en el sentido convencional, y nosotros avanzamos hacia ellos, igual que podemos avanzar hacia un objeto físico o movernos en torno a él. En los sueños, creía, rompemos con nuestra costumbre humana de ver el pasado, el presente y el futuro como una secuencia que discurre en una sola dirección y podemos sumergirnos en un pozo de conocimientos más profundo.

Muchos lectores se quedaron impresionados con el libro de Dunne. El escritor británico J. B. Priestley, por ejemplo, declaró que era «uno de los libros más fascinantes, curiosos y tal vez importantes de la época». Otros, sin embargo, lo consideraron una confusa mescolanza de ciencia y filosofía. Pero las cuestiones que formuló acerca de la naturaleza del tiempo eran las mismas que preocupaban a los físicos.

En los universos de Newton o Einstein, no se precisa que nada fluya en una sola dirección. Los problemas en la física clásica tienen las mismas soluciones aunque se invierta el tiempo, y Einstein afirmó que el tiempo era relativo al observador. Dos personas, una quieta, y otra que se mueve a gran velocidad, pueden ver los mismos acontecimientos en una secuencia diferente. El gran físico personalizó este descubrimiento en una carta dirigida a la hermana de un amigo muerto. «Michel ha dejado este mundo extraño antes que yo», escribió Einstein. «Pero esto no tiene ninguna importancia. Para nosotros, físicos convencidos, la distinción entre pasado, presente y futuro es una ilusión, si bien se trata de una ilusión muy persistente.»

Al plantear su nueva idea acerca de la naturaleza del tiempo, Dunne llegó a la antigua polémica de destino frente a libre albedrío. Si la gente puede ver el futuro ¿es que está predeterminado? ¿O es un conjunto de posibilidades entre las que se puede elegir? Para poner un ejemplo gráfico, ¿estaba el *Titanic* destinado a hundirse, o podía el capitán, avisado por una profecía, haber cambiado el rumbo y evitado el iceberg?

Este tipo de preguntas han cobrado mucha importancia en casos que podrían calificarse como profecía pura, cuando un visionario afirma que conoce el futuro gracias a la revelación directa. En la larga historia de las visiones proféticas, la explicación más común de este conocimiento ha sido tal vez la religiosa. Muchos profetas antiguos clamaban que su voz era la de Dios, o los dioses, puesta en una boca humana. Y si los humanos inferiores tomaban medidas para escapar del destino que se les había profetizado, parecían contravenir la voluntad divina.

En Babilonia, unos reyes supuestamente inspirados por Dios fueron los primeros profetas. En la epopeya de Gilgamesh que, al parecer fue escrita 2000 años a. C., el rey semidivino sueña con una inminente batalla. Su madre, una diosa, le dice que a raíz de ella él y su enemigo firmarán la paz. Y ocurrió como se le había anunciado en sueños a Gilgamesh.

Se dice que el legendario rey sumerio Emmendurranna que, posiblemente vivió antes del Diluvio Universal, codificó una normativa de la profecía. El arte de la predicción estaba bien desarrollado durante la primera dinastía de Ur, unos 2500 años a. C. El rey divulgaba profecías, supuestamente inspiradas por los dioses, pero no era él sino los videntes profesionales quienes las elaboraban y quienes desarrollaban un conjunto de sistemas de adivinación como el estudio de los hígados de cordero y otros objetos naturales.

En Egipto apareció una casta de sacerdotes que interpretaban sueños al tiempo que afirmaban que eran mensajes de los dioses. Estos sacerdotes practicaban en dos remotos templos del dios del Sol Amon-Ra, uno en Napata y el otro desierto adentro, a diez días de viaje de la capital Menfis. La gente temía a los sueños tanto como a los espíritus, y creía que una interpretación correcta de ellos podría ayudar a disipar el peligro potencial que implican. Los sacerdotes que realizaban estas tareas eran muy cautelosos a la hora de desci-

# La ilusión del tiempo

El vidente se plantea la cuestión de la naturaleza del tiempo, porque si se puede ver el futuro, es que ya existe como parte coherente de la estructura del tiempo.

Albert Einstein *(derecha)*, el padre de la física moderna, afirmó que el tiempo absoluto no existe. El tiempo, decía, cambia con el movimiento de un observador concreto. Consideramos que el tiempo es algo lineal y que una cosa lleva a otra. Pero Einstein demostró que el pasado, el presente y el futuro no necesitan tener un estatus fijo. Al menos en teoría, es posible percibirlo en distinto orden, por ejemplo, el futuro antes del presente.

La teoría de Einstein no ofrece ninguna conclusión sobre la visión del futuro. En realidad, el científico no estaba demasiado interesado en estas cuestiones. Sin embargo, la teoría incitó al psicólogo Carl Jung, el pensador moderno más influyente, a interesarse por la metafísica. Einstein y Jung se conocieron en Zurich, cuando el gran físico estaba terminando de elaborar su teoría de la relatividad. Y dijo Jung de él: «Fue el primero que me hizo pensar en la posible relatividad del tiempo así como del espacio, y en su condicionalidad psíquica.» Einstein ha desvelado un mundo teórico en el que la causa no tiene necesariamente que preceder al efecto. Años más tarde, Jung adaptó la idea a su teoría de la sincronicidad, sugiriendo que las coincidencias más significativas se dan a través de cierto mecanismo que se encuentra fuera del ámbito de la causa y el efecto.

frar los sueños del faraón. Así, según la Biblia, sólo José, un israelita cautivo, se atrevió a interpretar el sueño del faraón, en el que había visto siete vacas gordas y siete vacas flacas y siete espigas grandes y siete espigas pequeñas. La astuta predicción, siete años de abundancia seguidos por siete años de hambruna, fue acompañada del sabio consejo de almacenar grano.

La Biblia, sobre todo el Antiguo Testamento, contiene muchos relatos de profetas cuya relación privilegiada con Dios les permitía afrontar el futuro con confianza. Los videntes israelitas eran llamados *nabhi* «personas llamadas», insufladas por el espíritu de Dios, y sus principales funciones eran enseñar, alentar y prevenir a la población de lo que ocurriría si se desafiaba a la divinidad. Hacia el 800 a. C., Amos, un sencillo hijo de pastor, profetizó: «Jeroboam morirá atravesada por una espada e Israel será llevado en cautividad fuera de sus tierras. Por eso yo os insto a que vayáis al cautiverio más allá de Damasco, dijo el Señor...» Jeroboam era otro nombre del reino más septentrional de Israel, y pocos años después de la profecía, en el 721 a. C., las doce tribus fueron conquistadas y llevadas a Asiria. La Biblia también narra que otros profetas, como Jeremías, Hababuk y Ezequiel, poseían la inspiración divina para predecir la caída de Asiria, la invasión babilónica, la destrucción de Judá y el cautiverio en Babilonia. Sin embargo, como muchos otros relatos sobre profecías, estas afirmaciones fueron hechas mucho después que ocurrieran los acontecimientos vaticinados, y por ello su veracidad puede ser cuestionada por los que no tienen una fe implícita.

Los griegos antiguos no poseían libros sagrados como la Biblia para guiar sus destinos. Los sacerdotes celebraban ritos sagrados y sacrificios pero no aconsejaban sobre crisis personales o cuestiones de estado. Cuando se necesitaba el consejo, se visitaba a los oráculos, unos santuarios en los que se formulaba la pregunta a los dioses a través de un medium humano. En toda Grecia había templos de este tipo. Muchos de ellos estaban consagrados a Apolo, hijo de Zeus, y el dios griego más vinculado con la profecía. Y el más famoso de todos era el oráculo de Delfos.

Pueden todavía contemplarse las ruinas del templo de Apolo en Delfos, en un escenario de gran belleza natural en las laderas de Monte Parnaso, al norte de Atenas. Hoy en día, los pocos habitantes del lugar dependen del turismo, pero durante miles de años. desde el siglo VI a. C., hasta la llegada del cristianismo, en el siglo IV d. C., este famoso oráculo atraía a las personas más ricas y famosas de toda Grecia.

Los orígenes del templo se pierden en la mitología. Los griegos creían que Gea, la diosa de la Tierra, y su hija Themis habían dado respuestas (llamadas también oráculos) en este lugar que fue llamado Pitos, hasta que Apolo tomó posesión de él con la ayuda de un dragón hembra. Y los arqueólogos han encontrado restos de un santuario dedicado a Apolo anterior al siglo VIII a. C.

Tan grande era la fama de Delfos que las leyendas han oscurecido su verdadero carácter. El historiador griego Herodoto decía que la medium, normalmente llamada Pitia (pitonisa), hablaba en un trance inducido por gases naturales que se desprendían de las rocas. Sus murmullos fueron interpretados por los sacerdotes que los plasmaron en una rima deliberadamente vaga. Sin embargo, eruditos de nuestra época han descubierto que la mayoría de respuestas eran sencillas órdenes religiosas, y muy pocas veces trataban de temas públicos o privados. Algunas veces estaban en verso, sobre todo las de los últimos años. Un investigador ha dicho: «Un estudio minucioso de las fuentes dignas de confianza revela que no existían sortilegios ni vapores, la Pitia no desvariaba ni los sacerdotes interpretaban gritos incoherentes. La Pitia hablaba con claridad y coherencia y respondía directamente la pregunta del consultante.»

A veces, sin embargo, las pitonisas hablaban mucho más directamente de lo que querían. Se cuenta que una vez que Alejandro Magno visitó Delfos se le dijo que ese día la pitonisa no emitía profecías. Cuando el impaciente soldado llevó por la fuerza a la sacerdotisa al trípode sobre el cual hacía sus predicciones, la mujer comentó: «Hijo mío, nadie puede vencerte», lo cual fue respuesta suficiente para él.

Aunque Delfos era el oráculo griego más famoso, también era el más caro. En sus tiempos de apogeo, el precio mínimo de una consulta equivalía a dos días de salario de un ateniense medio, al que el visitante tenía que añadir los gastos en ofrendas y en los viajes. Los representantes del estado pagaban diez veces más. Además, sólo podían consultar a la pitonisa el día siete de cada mes, el día del nacimiento de Apolo.

En el oeste de Grecia existía una alternativa más demo-crática. Era el templo de Zeus en Dodona. Las preguntas de los consultantes eran escritas en una tira de piel, enrolladas e introducidas en una jarra de donde la sacerdotisa las extraía al azar. La respuesta sólo podía ser sí o no, y por tanto las preguntas tenían que formularse en base a ello. Cientos de estas tiras han llegado hasta nosostros. Un hombre quería sa-ber si debía casarse, otro si tenía que dedicarse a criar corde-ros. Una ciudad de Tesalia quería saber si debía invertir los fondos recogidos en nombre de su diosa.

A raíz de las conquistas de Alejandro Magno en el si-glo IV a. C., la riqueza y la colonización llegaron a los asen-tamientos de Asia Menor, y nuevos oráculos reemplazaron a los de Delfos y Dodona. Claros, en la costa oeste de la Tur-quía actual, era muy famoso entre los colonos griegos. Las ciudades que consultaban el oráculo de Claros organizaban un encuentro cívico anual en el que cantaban en honor de Apolo. Los consultantes eran conducidos de noche y en fila por un laberinto subterráneo de pasillos hasta llegar a una sala abovedada. Allí esperaban, a la luz de las antorchas, mientras la medium se retiraba a una fuente, bajo tierra, cu-yas burbujeantes aguas tenían fama de inspirar la profecía. Un filósofo cínico, al que se le vaticinó que sus esfuerzos se verían recompensados, constató que muchas otras personas habían obtenido la misma respuesta y que ninguna de ellas había conseguido triunfar después de grandes fatigas.

El Imperio Romano contó con adivinos y profetas, pero pocos de la notoriedad y la influencia de los de Delfos. No fue hasta la caída de Roma y el auge del cristianismo cuando la profecía volvió a asumir la misma importancia que había tenido en el mundo clásico.

Debido tal vez al énfasis de la Iglesia en el pecado y la condena, los cristianos de las llamadas Edades Oscuras se dejaban influir fácilmente por profecías basadas en portentos del destino. El Libro de la Revelación de la Biblia vaticina un período de mil años (o milenio) de justicia durante la cual Cristo reinaría en la Tierra. Muchos creyentes se convencie-ron de que esta Segunda llegada se produciría alrededor del año 1000. Muchas de estas personas no se consideraban lo suficientemente puras como para formar parte de este nuevo reino y por tanto pensaban que el Milenio representaría el fin del mundo. A finales del siglo X se dio una serie de portentosos acontecimientos, como un eclipse de sol, un invierno especialmente duro, plagas, la erupción del Vesubio y la llegada de ejércitos invasores. Todo ello contribuyó a acrecentar el ambiente de fatalismo.

A medida que se acercaba el temido año, las gentes de toda Europa estaban dominadas por el pánico. Seguros de que el fin estaba cercano, los cristianos abandonaron sus granjas y poblados para reunirse bajo crucifijos, implorando piedad. Algunos devotos vendieron sus propiedades y se dirigieron en peregrinación a Jerusalén para esperar la llegada del Señor. Entonaban himnos, escudriñaban los cielos y esperaban que se abrieran y que el Hijo de Dios se revelara en ellos.

Cuando el nuevo siglo llegó sin incidentes, se reanudó la vida cotidiana y las aprensiones sobre el Milenio se dejaron de lado. La Iglesia, sin embargo, continuó siendo el centro de todo tipo de profecías. Juana de Arco, una campesina francesa del siglo XV que afirmaba hablar con los ángeles, vaticinó la derrota de los invasores ingleses y la restauración del rey de Francia. A través de su inspirado liderazgo en la batalla, cumplió su propia profecía, fue martirizada y finalmente canonizada como Santa Juana. Un eremita italiano llamado Bartolomeo Brandano fue encarcelado en Roma en 1517 porque había denunciado pecados del papa y había profetizado que una «nación transalpina devastaría la ciudad». Roma no había sido invadida en cinco siglos pero al cabo de diez años, las fuerzas del Sacro Imperio Romano, una federación de principados germánicos, avanzó desde el norte y arrasó la ciudad. Brandano fue liberado de prisión por las tropas imperiales.

Mucho más seglar en su perspectiva era la leyenda inglesa de la vidente Mother Shipton. Desde el siglo XVII han circulado unas intrigantes historias de sus remarcables profecías, pero nadie sabe a ciencia cierta si esa mujer llegó a existir. Según algunos relatos, había nacido en Yorkshire en 1488, hija de una bruja. Se decía que la vidente era, tal vez por el parecido con su madre, «más grande de lo común, con un cuerpo encorvado, un rostro horripilante, pero con unos conocimientos extraordinarios.»

Al parecer, predijo la caída final del político y cardenal Thomas Wolsey, el hombre de uno de los hombres más ricos y poderosos de Inglaterra hasta sus divergencias con su monarca Enrique VIII. En 1529, despojado de todos sus cargos excepto el arzobispado de York, Wolsey se dirigía a esa ciu-

dad cuando, según se cuenta, Mother Shipton anunció que nunca llegaría a entrar en York. Al oírlo, Wolsey le dijo que sería quemada por bruja en la hoguera cuando él llegara a su destino, y mandó a tres miembros de su séquito a investigar. Ella los recibió con amabilidad, les ofreció de comer y de beber, y demostró su poder echando un pañuelo al fuego y volviéndolo a sacar intacto. Cuando Wolsey se encontraba a ocho millas de distancia de su arzobispado, fue obligado por el rey a volver a Londres para ser acusado de traición y murió en su viaje de regreso a la capital.

Otras profecías de Mother Shipton fueron publicadas un siglo después de su muerte. A veces parecía tener una capacidad extraordinaria para leer el futuro: «Los carruajes irán sin caballos / Y los accidentes llenarán el mundo de infortunios / Los pensamientos volarán a lo largo y ancho de la tierra / En un abrir y cerrar de ojos... / El mundo llegará a un final / En mil ochocientos ochenta y uno.»

Estos versos han sido a menudo citados como extraordinarios ejemplos de clarividencia, ya que hablaban de la existencia de los ferrocarriles y del telégrafo siglos antes de que se inventaran. Sin embargo, tal como descubrieron los editores del periódico londinense *Notes & Queries* en 1873, éstas y otras profecías de Mother Shipton habían sido elaboradas por un librero británico, Charles Hindley, que en 1862 las publicó como reedición de un panfleto que, según él, había aparecido por primera vez en 1684.

Aun así, se dice que muchos britones temían que el mundo terminara, como afirmaba la profecía de Mother Shipton,

en 1881. Incluso hoy, la falsificación de Hindley es a veces citada como prueba de que una vidente británica del siglo XVI predijo la invención de los automóviles, la radio y los aviones.


Las historias de la dudosa Mother Shipton se desvanecen al compararlas con las de su contemporáneo, el físico francés Michel de Nostradame. A diferencia de la vidente inglesa, Nostradame era un hombre muy conocido en su tiempo y su vida está bien documentada. Con el nombre de Nostradamus, se convirtió en el profeta más aclamado, y más denunciado, de su época y de las generaciones venideras.

Michel de Nostredame nació en 1503 en Saint-Rémy-de-Provence, en el seno de una familia judía que se había convertido al cristianismo. Fue un joven precoz que aprendió lenguas clásicas, matemáticas y astrología de su abuelo. Estudió humanidades en la Universidad de Aviñón y después medicina en la Universidad de Montpellier. Aunque abandonó su profesión en favor de la profecía, fue durante un tiempo un dotado médico que realizaba inusuales preparados farmacéuticos. Utilizaba píldoras de rosa, hechas con estas flores cortadas antes del amanecer. El hecho de que Nostradamus se negara a sangrar a sus pacientes ante la más leve señal de enfermedad, una práctica muy común por aquel entonces, pudo haber contribuido a su éxito.

Inmediatamente después de terminar sus estudios de medicina, Nostradamus ya destacó en este campo, tratando con éxito a las víctimas de la epidemia que sufrían Montpellier y otras ciudades de la región. Hacia 1532 se casó con una joven de buena posición, muy hermosa y amable, según un relato de la época. Tuvieron hijos y, al parecer, Nostradamus vivió tres años de gran felicidad. Entonces la epidemia volvió con renovada virulencia. Nostradamus, que había salvado a tanta gente, no pudo curar a su esposa e hijos y murieron.

Profundamente deprimido, Nostradamus pasó los seis años siguientes viajando por Francia e Italia y consultando a otros doctores y eruditos. Se dice que, una vez, hizo una demostración tan sorprendente de sus dones proféticos que su fama se extendió rápidamente. Según crónicas del tiempo, en uno de sus viajes por Italia, Nostradamus se encontró con un humilde monje franciscano. Se arrodilló ante él y se dirigió

al asombrado joven clérigo con la expresión «Su Santidad». En 1585, años después de la muerte del vidente, el monje, Felice Peretti, por entonces cardenal, fue elegido papa con el nombre de Sixto V.

Por doquier surgieron historias de este tipo como testimonio de la supuesta videncia de Nostradamus. También se cuenta que una vez fue desafiado por un escéptico, el señor de Florinville, mientras se alojaba en su castillo de la provincia de Lorena. «He aquí dos cerdos, uno negro y uno blanco, dijo Florinville. Adivina su futuro».

«Vos os comeréis el negro y un lobo se comerá el blanco» respondió el vidente. Decidido a demostrar que se equivocaba, el noble ordenó a su cocinero que matara el cerdo blanco y lo sirviera a la hora de la cena. Cuando el asado estuvo servido, Florenville cantó victoria, pero Nostradamus insistió en que la predicción había sido correcta. Para aclarar las cosas, el noble llamó a su cocinero y éste admitió que un lobezno había entrado en la cocina y se había comido el cerdo blanco, por lo cual había tenido que matar y cocinar el negro.

Nostradamus volvió a Provenza en 1544 y reanudó su actividad médica, viajando a todos los lugares en los que sus servicios eran requeridos. Pero en 1547 se estableció finalmente en la pequeña población de Salon, en el corazón de Provenza. Allí se casó de nuevo y empezó a elaborar profecías, plasmando todo el conocimiento acumulado en libros de astrología y magia. El primero de sus almanaques, unos panfletos con las profecías para cada año, apareció en 1550. Pero enseguida fue más allá de esta reducida perspectiva y empezó a escribir su famosa colección de profecías conocida como *Los siglos*, que predicen eventos hasta, al parecer, el año 3797.

*Los siglos*, así llamado porque las profecías están reunidas en grupos de 100, a excepción de una serie que recoge sólo 42, consisten en 942 rimas en cuartetas, que predicen acontecimientos desde 1560 hasta el fin del mundo. Las primeras fueron escritas en 1555, añadiendo otras más tarde. Los poemas son deliberadamente oscuros. Escritos en un francés que ya resultaba arcaico en el siglo XVI, contienen palabras en otras lenguas, y están acompañados de anagramas, imágenes vagas, y términos al parecer inventados por su autor. Nostradamus afirmó que podía haber puesto la fecha al lado de cada poema pero que no lo hizo para que no le acusaran de brujo.

Tal vez la más famosa de las cuartetas sea una que, según se cuenta, llamó la atención de la reina francesa Catalina de Médicis: «El león joven vencerá al viejo / En el campo de batalla en un solo combate / Taladrará sus ojos en una jaula de oro / Esta es la primera de las dos cercenaciones, luego sufrirá una muerte cruel.»

l poema parecía el misterioso eco de una predicción anterior realizada por el astrólogo Gauric, que al parecer había aconsejado al esposo de Catalina, el rey Enrique II, que «evitara un solo combate en un lugar cerrado, sobre todo cuando tuviera 41 años» porque corría el riesgo de recibir un fuerte golpe en la cabeza que podía llevarle a la muerte. Nostradamus fue llamado a la corte de París donde además, al parecer predijo que tres de los hijos de Enrique serían reyes. Durante la visita embelleció su propia leyenda con improvisadas predicciones. Una noche, un paje del rey que había perdido un valioso perro de caza se dirigió a los aposentos del vidente. Sin abrir la puerta Nostradamus le espetó: «¿Qué queréis, oh paje del rey? ¡Tanto ruido sólo por un perro perdido!» Y le dijo que podían encontrar al animal en el camino de Orléans.

En verano de 1559, las profecías sobre la familia real empezaron a cumplirse. En un torneo que se celebró en París en honor de dos bodas reales (Isabel, hija de Enrique II se casaba con el que sería rey de España, Felipe II, y su hija Margarita con Enrique de Navarra), el rey ignoró las advertencias y cargó contra Montgomery, el capitán de la guardia escocesa. Al tercer encuentro, la lanza de capitán atravesó la visera del yelmo del rey y le perforó el ojo. El rey murió a los diez días. Y también ocurrió que tres hijos de Enrique se sucedieran en el trono: Francisco II, Carlos IX y Enrique III, cuyo asesinato en 1589 fue interpretado por algunos como la segunda de las «cercenaciones» de la cuarteta de Nostradamus.

Los escépticos han señalado que no existen documentos referentes a la profecía realizada cara a cara sobre los hijos de Enrique. En cualquier caso la muerte temprana no solía ser algo sorprendente en esa época, sobre todo entre la realeza. Por contra, los defensores del profeta afirman que hay cuartetas concretamente dedicadas a la descendencia de Enrique II. A ello, los escépticos oponen que los poemas están escritos en un lenguaje tan oscuro que pueden ser leídos e interpretados de muy diversa manera.

Los críticos también se han cuestionado detalles específicos de las cuartetas más famosas de Nostradamus. A los 40 años, Enrique era sólo seis años mayor que su oponente; su casco no era dorado; un torneo difícilmente puede ser considerado un campo de batalla, y la palabra *classes*, en este contexto traducida como cercenaciones, fracturas o heridas, en el resto de *Los siglos* se utiliza para designar una flota de barcos. Además, en un poema escrito más tarde, Nostradamus parece predecir un brillante futuro para Enrique II. Para muchos estudiosos del vidente, sin embargo, el poema es una de las partes más impresionantes de su predicción.

No existen límites a la inventiva en las interpretaciones que se hacen de Nostradamus. Se le atribuye haber vaticinado, entre los acontecimientos modernos y actuales, el gran incendio de Londres, la Revolución Francesa y la huida de Luis XVI, la guerra aérea, el comunismo, la guerra nuclear, la ascensión y caída de Hitler, el Watergate, los acuerdos de paz entre Egipto e Israel, la epidemia del SIDA, etc. Los entusiastas han encontrado en las cuartetas referencias a cohetes (máquinas de fuego volador), submarinos (peces de hierro) y a diversos aspectos de los viajes espaciales, desde las necesidades prácticas, ya que, al parecer, Nostradamus reconoció que los pilotos precisarán oxígeno y radio para comunicarse, hasta la reflexión más filosófica de que el mundo se vuelve más pequeño.

Algunas de estas interpretaciones parecen conllevar una ignorancia deliberada del hecho histórico. Por ejemplo, los versos que se refieren a «Hister» han sido traducidos por los eruditos como Hitler. Sin embargo, Hister era el nombre latino que Nostradamus utilizaba para designar el río Danubio. En una de las cuartetas el vidente se refiere a la construcción de un puente sobre el Hister.

Otras cuartetas que se han considerado predictivas en realidad se refieren a acontecimientos de su época que Nostradamus conocía. Los escépticos citan la cuarteta que supuestamente describe el incendio de Londres y su fecha exacta, «Veintitrés los seises», o 1666. (Para llegar a este año, los que creen en Nostradamus multiplican veinte por tres, añaden dos seises, y afirman que en la época de Nostradamus era común omitir el primer dígito de una fecha.) La profecía del verso que habla de la caída de una dama desde un sitio muy alto ha sido tradicionalmenente interpretado como una referencia a la iglesia de St. Paul, que fue azotada por las llamas hasta derrumbarse. Pero los escépticos sugieren que es más posible que Nostradamus hablaran de la reina María de Inglaterra, más conocida como María la Sangrienta, que en aquellos tiempos ejecutaba a un gran número de herejes, a menudo en grupos de seis. Aunque María no murió hasta 1558, después que el poema apareciese publicado, no había que ser especialmente suspicaz en esa turbulenta era predecir la caída o la muerte de un soberano.

Los entusiastas de Nostradamus también han aplicado las mismas profecías a diferentes acontecimientos históricos. Por ejemplo, la cuarteta sobre el nacimiento «cerca de Italia» de un emperador «más carnicero que príncipe», se ha interpretado como una alusión que alude a Napoleón y a Hitler, aunque como apuntan los escépticos, la descripción geográfica es tan amplia que puede abarcar media docena de países, y la descripción podría ser también una referencia a Fernando II, un emperador del Sacro Imperio de principios del siglo XVII. Del mismo modo, la cuarteta siguiente ha sugerido más de una interpretación: «Los sermones del lago de Ginebra molestan, / Desde días crecerán hasta hacerse semanas. / Luego meses, luego años y luego se desvanecerán, / Los

*La primera edición de las profecías completas de Nostradamus (derecha) fue publicada póstumamente en Francia en 1586, y desde entonces se han realizado sucesivas reediciones de las enigmáticas y controvertidas cuartetas. Arriba, un retrato del siglo XVIII, de un artista desconocido, muestra al vidente con un instrumento que los eruditos creen que es un telescopio, como símbolo de sus intereses astrales. El instrumento es un anacronismo ya que los astrónomos de la época de Nostradamus no conocían el telescopio.*

Pretendía Nostradamus execrar a su contemporáneo Juan Calvino, cuyos sermones desde Ginebra estaban provocando una gran controversia? O esta cuarteta, como han afirmado después los cometaristas, ¿era una premonición de la Liga de Naciones, con sede en Ginebra, que a finales de los años treinta degeneró en un impotente debate sobre la sociedad? ¿Podría referirse a ambas cosas? Este tipo de ambigüedades, y la vasta y oscura obra que el visionario dejó seguirá sin duda fascinando a las generaciones futuras de lectores de Nostradamus.

Nostradamus, Jacques Cazotte, y otros profetas europeos reflejan en sus espectaculares predicciones la muerte de monarcas, la ascensión y caídas de imperios. En Estados Unidos, la profecía asumió una orientación especialmente utilitaria. En el siglo XIX, por ejemplo, Estados Unidos presenció las actividades de un destacado visionario del Nuevo Mundo, Andrew Jackson Davis, que llegó a ser conocido como el Poughkeepsie Seer.

Davis nació en 1826, en Blooming Grove, Orange County de Nueva York. Tuvo una infancia pobre y difícil. Su madre no tenía instrucción y su padre era un alcohólico que se había ganado la vida como tejedor y más tarde como zapatero. Pero el joven Davis encontró una forma de trascender a su entorno. Después de pasar un día solo en el campo, declaró haber oído voces y tenido visiones, una de ellas aconsejando a la familia trasladarse a Pougkeepsie. Sus padres pensaron que tal vez allí las perspectivas serían mejores y en 1838 se dirigieron a esa población.

## Las profecías y la guerra

La duradera influencia de Nostradamus se debe en parte a su ambigüedad. Durante años, gentes de convicciones distintas han intentado encontrar una interpretación a sus crípticos versos. Durante la Segunda Guerra Mundial, tanto los alemanes como los británicos enrolaron al vidente para sus propios intereses. «Nostradamus predijo el resultado de la guerra» es el título de un panfleto (*arriba*) producido por el servicio de inteligencia británico en marzo de 1943. Con este documento se pretendía causar consternación en el país enemigo con la predicción de la caída de Hitler. Pero el Tercer Reich también había realizado sus propias adaptaciones de las profecías de Nostradamus y planearon distribuir en Francia copias de unas cuartetas seleccionadas que supuestamente auguraban la victoria alemana. Sin embargo, parece ser que los panfletos nunca fueron utilizados, debido quizás a la rápida rendición de Francia. Y el pequeño número de pasquines británicos introducidos en Alemania no tuvieron ningún efecto apreciable.

Al cabo de poco tiempo, Davis empezó a interesarse por el reciente arte del mesmerismo o hipnotismo. Un sastre de Poughkeepsie le dejó sumido, según él mismo describe, en un «sueño magnético». Siempre según Davis, en ese estado el cuerpo humano se le presentaba transparente y podía diagnosticar enfermedades y prescribir remedios. A los 18 años, el joven tuvo un trance en el que experimentó un profundo estado de iluminación mental. Durante el trance, afirmó haber conocido a Galeno, el médico griego del siglo II antes de Cristo, y al místico sueco Emanuel Swendenborg, que había muerto en 1772.

Su fama creció a partir de 1845, cuando el visionario estuvo en contacto con un hipnotizador aficionado, músico de profesión, de Bridgeport, Connecticut, que le sumió en varios sueños magnéticos. En estos estados hipnóticos, Davis empezó a dictar sus experiencias a un escribiente, el reverendo William Fishbourg. Estas sesiones se prolongaron quince meses, y a veces, según un testigo presencial, Davis se expresaba en lengua hebrea. La transcripción fue publicada en 1847 con el nombre de *Los principios de la Naturaleza, sus revelaciones divinas y una voz a la Humanidad*. Este libro tenía una gran afinidad con los escritos de Swendeborg, al que Davis negó resueltamente conocer.

El libro era una interesante mezcla de predicción y misticismo. Por ejemplo, Davis anunció la existencia de nueve planetas antes de que se hubiera descubierto el octavo. Sin embargo, también había vaticinado que en Marte, Júpiter y Saturno se encontrarían avanzadas formas humanas.

En 1856, Davis volvió a ocuparse de las profecías concernientes a nuestro planeta en el libro *The Penetralia; Being*

*Harmonial Answers to Important Questions.* Afirmó que el progreso tecnológico llevaría al desarrollo espiritual y vaticinó carruajes sin caballos «movidos por una mezcla de gases acuáticos y atmosféricos» que viajarían a gran velocidad por buenas carreteras. También predijo «espaciosos salones, como casas portátiles, que se movían a tal velocidad que podían llegar a California en cuatro días».

Esto fue escrito en una época en que el ferrocarril llegaba a orillas del Mississippi, pero la ruta más rápida entre Nueva York y California era por barco, costeando el extremo sur de Sudamérica. La visión del futuro de Davis también hablaba de edificios prefabricados de apartamentos, y un tipo de máquina de escribir que plasmaría las ideas de una persona tan deprisa como un piano expresa armonías. «La Humanidad se halla ante un período glorioso» anunció con la fe característica de su época. «Habrá una especie de paraíso material, una preparación para la Armonía Espiritual.»

El libro de Davis se vendió bien y el vidente trabajó incansablemente durante decenios, dando conferencias, escribiendo y recetando remedios. Se dice que Edgar Allan Poe fue una de las muchas personas influidas por su gran visión. Davis murió en 1910, propietario de una pequeña librería en Boston y con más de treinta libros escritos sobre cuestiones espirituales.


Similar en cierto modo a Davis era el humilde soñador Edgar Cayce, nacido en Kentucky en 1877, medio siglo después que Davis. Se le llegó a conocer como el «profeta durmiente» porque dictaba sus predicciones y tratamientos médicos en trance. Cuando se despertaba, no había ningún registro, ni siquiera comprensión de lo que había dicho, pero más de 14.000 de esas «lecturas» como él las llamaba, están transcritas y ahora se conservan en la Association for Research and Enlightment (Asociación para la Investigación y la Iluminación) de Virginia Beach, Virginia, entidad fundada por Cayce en 1934.

Aunque durante su vida fue más conocido por su actividad terapéutica, Cayce también elaboró algunas predicciones sobre el futuro. Entre otras cosas, afirmó haber vaticinado la caída de la bolsa de Wall Street de 1929. En abril de ese mismo año, un inversor le consultó un sueño, y Clayce anunció que el pánico cundiría en Wall Street y otros centros financieros. Los precios fluctuarían durante unos seis meses y luego caerían. El 29 de octubre, el Viernes Negro, llegó el crack. Muchas de las otras visiones de Cayce eran escenas apocalípticas de catástrofes naturales en el año 2000. Los terremotos, afirmó, asolarían a gran parte del oeste de Estados Unidos, causarían inundaciones masivas en Japón y cambiarían la geografía de Europa. Atlantis, el continente perdido emergería del fondo del océano. En 1936 Cayce se vio a sí mismo, renacido en el año 2100, volando sobre Estados Unidos a una velocidad fantástica y explorando una Nueva York absolutamente devastada.

Los escépticos sostienen que la historia de Cayce como médico y como profeta ha sido exagerada por sus fervientes seguidores y restan importancia a algunas de sus precisas descripciones sobre terremotos o guerras afirmando que han sido suposiciones afortunadas. Profetizar que en junio de 1931 estallaría la Segunda Guerra Mundial, opinan, no es algo extraordinario porque esos pronósticos del conflicto mundial fueron un fenómeno generalizado desde una década antes. Tenía que ocurrir, tarde o temprano, y Cayce no especificado la fecha. Como ocurre con otras muchas profecías para finales del siglo XX, el tiempo les dará o no la razón.

Por más críticos que hayan sido algunos con la trayectoria de Edgar Cayce, nadie le ha acusado nunca de aprovecharse económicamente de sus habilidades. Sin embargo, y a medida que el siglo avanzaba, un buen número de personas que se proclaman a sí mismas videntes ha encontrado la fama y la fortuna, normalmente a través de las revistas y periódicos. Tal vez el caso más conocido de todos estos profetas populares sea el de Jeane Dixon, que ha conseguido riqueza y notoriedad con sus artículos en la prensa y sus intervenciones en televisión.

Dixon afirma conocer el futuro de distintas maneras: mediante visiones en el aire, imágenes en una bola de cristal o a veces con una especie de clarividencia que obtiene al tocar objetos con las puntas de los dedos. Su fama reside principalmente en que afirma haber vaticinado el asesinato del presidente John F. Kennedy. En torno a sus poderes se han generado numerosas leyendas. Según un fervoroso biógrafo, Dixon predijo repetidas veces la muerte del presidente y, a medida que se acercaba el momento, anunció el lugar y la fecha, e incluso intentó advertir al político.

Sin embargo, la verdad sobre los dones proféticos de Dixon parece menos espectacular y menos emblemática. Su única predicción por escrito de la muerte de Kennedy apareció en la revista *Parade* en 1956. En ese artículo, escrito por el corresponsal de Washington Jack Anderson, Dixon anunció que un demócrata ganaría las elecciones de 1960 y que sería asesinado o moriría en su cargo. Pero en 1960 Dixon quiso compensar sus apuestas y pronosticó, equivocadamente, que Richard Nixon sería elegido presidente ese año.

Jeanne Dixon es una anticomunista convencida y muchas de sus profecías parecen estar coloreadas por sus convicciones personales. Repetidas veces exhortó a Richard Nixon («nuestra última esperanza») sin en cambio presagiar el escándalo Watergate y el final de su presidencia. En la década de los cienciuenta predijo las invasiones soviéticas de Irán y Palestina; a finales de los sesenta auguró al «creciente presencia de submarinos soviéticos en las costas de Bolivia» como parte de un «gran plan» para el dominio del mundo. (No tenía claro por qué amenazaban Bolivia, pasando por alto el hecho de que Bolivia no es un país marítimo). Dixon también dijo que hacia 1990 la Unión Soviética se encontraría en una fase final de «dominio del hemisferio occidental con todos los medios, la guerra atómica incluida, si era necesario».

Es muy fácil reírse de estas especulaciones que no se han cumplido, como la de que un cometa colisionaría con la Tierra, que Estados Unidos sería atacado por China mediante una guerra bacteriológica o que una mujer sería presidente, todo ello en la década de los ochenta. Y resulta dudoso que sus más fervientes seguidores se preocupen demasiado por la afirmación que hizo Dixon acerca del nacimiento en Oriente Medio, el 5 de febrero de 1962, del temido anticristo.

Vistas globalmente, las profecías de Dixon son tan inconsistentes que la duda se cierne sobre su aparente éxito. Afirma, por ejemplo, haber profetizado el accidente de Cabo Kennedy de enero de 1967, en el que un incendio en el módulo de mando del *Apolo* acabó con la vida de tres astronautas. No hay ninguna constancia por escrito de su predicción hasta después del acontecimiento, y tampoco pudo predecir el desastre mucho más trágico de la explosión después del despegue del *Challenger*, en el que murieron sus siete ocupantes. Dixon vaticinó la muerte del senador R. F. Kennedy en 1968, pero otros muchos lo habían hecho, incluso el propio Kennedy. Dos semanas antes del asesinato Dixon anunció al escritor francés Romain Gary: «Sé que tarde o temprano habrá un intento de asesinato.»

En cierto modo, Jeanne Dixon y sus colegas, los videntes de las revistas, han tenido la suerte de su parte. Un profeta que afirma que el año próximo habría un importante terremoto, un asesinato político o un accidente aéreo tiene pocas posibilidades de equivocarse. Y para todos ellos, el castigo si no aciertan es muy pequeño. En la Antigüedad, los videntes eran condenados a muerte por sus errores; los profetas de hoy en día no arriesgan nada más que el ridículo. Por otro lado, y como muchos escépticos han apuntado, el público tiende a recordar una predicción precisa y a olvidar miles de ellas que son imprecisas. Cualquiera que se declare a sí mismo profeta y hable de acontecimientos futuros, si los detalles son lo suficientemente vagos, de vez en cuando acertará.

Alan Vaughan es un vidente actual lo suficientemente franco como para admitir que algunas de sus predicciones no se han cumplido. Uno de sus errores confesados ocurrió en San Francisco, la gran ciudad estadounidense destruida por un terremoto a principios de siglo y los temores de otro gran temblor son recurrentes. Por alguna razón, a principios de 1969 proliferaron los profetas del desastre, y cada uno pronosticaba una fecha distinta para la inminente catástrofe. Para evitar el posible pánico y promocionar la ciudad, el alcalde Joseph Alioto declaró que San Francisco sobreviviría y convocó una fiesta del terremoto para el 18 de abril en el Civic Center de la ciudad. Iba a empezar a las 5,13 h minutos de la mañana, exactamente sesenta y tres años después del último gran seísmo. La fiesta fue todo un éxito y las predicciones de desastres no se cumplieron.

Sin embargo, dos años más tarde, hubo un importante terremoto en San Fernando Valley, al sur de la ciudad. Este acontecimiento propició nueva oleada de profecías en San Francisco, y Alan Vaughan participó de ella pronosticando un pequeño terremoto para el 22 de mayo a las 17,18 h. No ocurrió nada y Vaughan admitió su error: «O mi método no funciona o me he equivocado de año».

Los geólogos, con los mejores instrumentos científicos de que disponen, pueden registrar y predecir los terremotos me-

*Edgar Cayce, que
llegaría a convertirse
en uno de los videntes
estadounidenses
modernos más influyentes,
trabajaba como fotógrafo
cuando fue tomada esta foto,
posiblemente un autorretrato, en 1917.*

jor que cualquier vidente. Y es probable que la inteligencia, la ingenuidad y la imaginación humanas sean fuerzas más poderosas que la supuesta visión sobrenatural a la hora de predecir el futuro. Leonardo da Vinci, que vivió entre 1452 y 1519 y fue uno de los genios más versátiles del Renacimiento italiano, convirtió sus imaginaciones en esbozos de aparatos como helicópteros y ametralladoras, siglos antes de que la tecnología empezase a ponerse al mismo nivel que sus visiones. El filósofo y estadista inglés sir Francis Bacon, nacido durante el reinado de Isabel I, también desarrolló intereses muy amplios. Sin embargo, se burlaba de las profecías y sólo las consideraba apropiadas para «las charlas de invierno junto al fuego». Pero en su libro *La nueva Atlantis*, publicado póstumamente en 1626, vaticinó la invención del teléfono y del refrigerador, la agricultura híbrida y la desalinización de las aguas marinas.

Son a menudo los especialistas quienes, deslumbrados por el conocimiento práctico, no son capaces de prever los espectaculares avances que nos aguardan. En 1928, por ejemplo, Lee De Forest, ei pionero de la radio, declaró: «Aunque teórica y técnicamente la televisión sea factible, a nivel comercial y financiero creo que es una utopía, un progreso en el que sólo podemos soñar». A principios de 1945, el almirante William Leahy, jefe del estado mayor del presidente Franklin Roosevelt durante la Segunda Guerra Mundial, estudió los proyectos de las bombas atómicas que no tardarían en devastar Hiroshima y Nagasaki y declaró: «La bomba A es una solemne estupidez. La bomba nunca estallará y hablo como experto en explosivos.» Sir Richard Riet Woolley, astrónomo británico, afirmó que los viajes espaciales eran «una increíble tontería» meses antes de que los rusos lanzaran, en 1957, el satélite *Sputnik*.

Julio Verne, el escritor francés que merecidamente es conocido como el padre de la ciencia ficción tuvo más suerte como pronosticador. Ofreció precisas descripciones de los primeros vuelos tripulados con más de un siglo de antelación y de manera asombrosa, anticipó muchos de los detalles clave del programa de exploración lunar Apolo en sus novelas *De la Tierra a la Luna* (1865) y *Alrededor de la Luna* (1870). La nave espacial de Verne, el *Columbia*, despegaba de Florida y amerizaba en el Pacífico,

donde los tres tripulantes eran rescatados por un barco estadounidense. Verne calculó que el viaje a la Luna duraría 97 horas y 13 minutos. La duración total del vuelo del *Apolo 11* fue de 195 horas, una media de 97 horas y 39 minutos en cada dirección. Tanto el *Columbia* como el *Apolo 13* sufrieron durante el vuelo una pérdida de oxígeno que puso en peligro las vidas de los cosmonautas. Sin embargo, Verne no pudo escapar por completo de las nociones de su época: los cosmonautas vestían smoking y estaban recostados en mullidos sillones de terciopelo.

Y no eran propulsados por motores de cohetes sino que

*Jeane Dixon es la presunta profeta más conocida de América. Es además una escritora prolífica. Entre sus seis libros publicados se encuentran un recetario de cocina astrológica y un manual para levantar horóscopos a los perros.*

eran disparados desde un inmenso cañón situado bajo tierra.

Verne creía que «lo que un hombre puede imaginar, otro es capaz de hacer». Y sus relatos de viajes espaciales encendieron la imaginación de Konstantin Tsiolkovsky, pionero ruso de la ingeniería espacial. Otro escritor visionario, H. G. Wells, tuvo un impacto similar. En 1913, describió una futura guerra nuclear em *The World Set Free*. Veinte años más tarde, el conocido físico húngaro Leo Szilard leyó la novela y confesó que le instó a pensar en el poder que podía generarse en las reacciones nucleares en cadena. Szilard siguió trabajando, en colaboración con Enrico Fermi, y creó el primer reactor nuclear que hizo posible la primera bomba atómica del mundo.

Los hombres y mujeres de nuestra época sienten la misma curiosidad por el futuro que los antiguos egipcios y griegos que interpretaban sueños o consultaban oráculos. Pero en estos últimos tiempos la predicción se ha convertido cada vez más en un trabajo de equipo, encabezado por investigadores con instrumentos tecnológicamente muy avanzados. Sin embargo, los gobiernos e industrias que encargan estudios a la Rand Corporation, SRI International y otras empresas del ámbito, están actuando movidos por el mismo impulso que llevó a los emperadores romanos y a los reyes medievales a buscar los servicios de astrólogos y videntes. Necesitamos saber, tanto como ellos, las probabilidades de una insurrección, cómo será la cosecha, las posibilidades de un ataque enemigo y la mejor manera de prevenirlo.

Pero con todos los ordenadores de que disponen y la cantidad de datos que suministran, los futurólogos profesionales, como se suele llamar a los oráculos modernos, han de afrontar un gran número de problemas. Como se les pide que hagan predicciones sobre todos los aspectos de la vida, desde las previsiones meteorológicas para el año siguiente hasta la situación política en el siglo XXI, se ven desbordados por una cantidad tan grande de variables que ni siquiera el ordenador más potente la puede manejar.

A menudo carecen de información crucial, e incluso cuando trabajan con los mismos datos suelen llegar a conclusiones extremadamente distintas. En 1972, por ejemplo, los expertos europeos que componen el forum de futurólogos conocido como el Club de Roma predijeron una catastrófica disminución de la población y de la capacidad industrial en

*La ficción de Julio Verne describe un vaje a la Luna un año antes de que se realizara. Este grabado de una edición francesa de* De la Tierra a la Luna, *de 1865, muestra la nave espacial que imaginó dirigiéndose a la Luna. Los visionarios como Leonardo da Vinci o Julio Verne nunca afirmaron ser profetas.*

los próximos cien años si las tendencias se mantenían. Pero el también distinguido pronosticador Herman Kahn fue mucho más optimista en una conferencia pronunciada en Arizona en 1982. Lanzó un ataque contra las continuas predicciones fatalistas del Club de Roma e insistió en que estamos viviendo uno de los períodos de cambio más excitantes de la historia. «Dentro de cien años», declaró Kahn, «la humanidad será en todas partes mucho más numerosa, mucho más rica y tendrá mayor control sobre las fuerzas de la naturaleza.»

Solo el tiempo dirá cuáles de estas predicciones a largo plazo se cumplirá. Mientras, muchos estudiosos de los fenómenos paranormales seguirán creyendo que las poderes proféticos desarrollados por Nostradamus y otros representan habilidades desaprovechadas de la mente humana. Sostienen que deberíamos tener menos fe en los expertos científicos y más confianza en nuestra propia intuición. Sugieren, además, que las personas con dotes proféticos se preparen y practiquen en diferentes campos de la experiencia y que traten de llegar a un consenso en las predicciones. La rueda describirá así el círculo completo, desde los reyes soñadores que esperaban la guía de Dios hasta los científicos que confían en su intuición para compensar las deficiencias en sus datos. Según estos estudiosos de lo paranormal, algunas personas pueden atravesar las barreras del tiempo y ver el futuro en lo que el presente nos ofrece.

*Leonardo da Vinci no construyó el helicóptero que dibujara en 1488, pero auguró el rol que desempeñaría en la aeronáutica.*

# CAPÍTULO 2

# Los presagios y los augurios

sta leyenda empezó una noche, a principios del siglo XVII en la remota isla escocesa de Lewis. Según una historia tradicional, una sencilla mujer de las tierras altas llamada Mackenzie caminaba con su rebaño junto a un viejo cementerio cuando, de repente, todas las tumbas se agitaron, se agrietaron y cayeron al suelo. Mientras la campesina miraba en helada fascinación, unos fantasmas salieron del suelo flotando y se alejaron volando rápidamente hacia el cielo.

Más intrigada que asustada, la escocesa esperó para ver qué sucedía. Al cabo de una hora, todos los fantasmas excepto uno regresaron de su periplo por el reino de los mortales. Entonces, la mujer puso su bastón sobre la tumba no ocupada. Finalmente el fantasma de una joven apareció gritando: «Saca el bastón de la tumba y déjame entrar en mi aposento de los muertos». «Lo haré si me cuentas por qué has llegado mucho más tarde que tus compañeros» replicó la robusta campesina.

«Mi viaje ha sido mucho más largo que el suyo, dijo la sombra. He tenido que ir hasta Noruega, soy la hija del rey de aquel país y me ahogué bañándome en el mar. Mi cuerpo fue llevado por las aguas y encontrado en la playa, cerca de aquí. Aquí me enterraron y, ahora, saca el bastón de la tumba para que pueda descansar de nuevo».

La mujer lo hizo, y antes de que la princesa volviera a hundirse en la tierra, dijo: «Para que tengas un recuerdo mío y como pequeña recompensa por tu valentía, te diré dónde encontrar algo de inusual valor. Si buscas en esa ensenada de ahí abajo encontrarás una pequeña piedra redonda de color azul. Dásela a tu hijo, ya que a través de ella podrá ver el futuro.»

La señora Mackenzie encontró el misterioso tesoro y se lo regaló a su hijo. Al mirar por un agujero que había en el centro de la piedra descubrió que el fantasma había dicho la verdad. Con esta curiosa piedra, un simple objeto encontrado en la naturaleza, podía rasgar los velos del futuro y adivinar qué iba a pasar, realizando así uno de los sueños más antiguos de la humanidad.

Este cuento tipifica las leyendas que surgieron sobre la oscura vidente del Renacimiento Kenneth Mackenzie, o Coineach Odhar, ya que prefería ser llamado en gaélico. Poco se sabe sobre ese hombre, pero existen unos registros del siglo XVI del parlamento escocés que contienen la orden, enviada a las autoridades del condado de Ross, de perseguir al brujo Coinneach Odhar. Al parecer, esto le llevó a la ejecución. Y esto no sería sorprendente si su delito ha sido la difusión de la práctica de la cristalomancia, o adivinación mirando a través de superficies brillantes. Tampoco es extraño que un hombre de su época afirmara tener visiones del futuro, una habilidad que muchos escoceses todavía hoy afirman que es un derecho de nacimiento. Sin embargo, las crónicas del parlamento sobre el brujo y la historia del profeta difieren en un punto clave: éste vivió casi un siglo antes de los acontecimientos que narran la leyenda de Coinneach Odhar, un hecho que aumenta el misterio que le envuelve.

Se cuenta que el vidente anunciaba sus profecías de tal manera que desafiaba incluso a sus detractores, y sus predicciones eran muy severas. Se dice que un día que caminaba por el campo en Drummoissie, cayó al suelo y gritó: « Este páramo se teñirá con la mejor sangre de las Highlands. Rodarán cabezas y no habrá piedad ni cuartel en ninguno de los dos bandos». Se encontraba en Culloden Moor, el futuro escenario de la terrible masacre de los escoceses durante la rebelión de 1745-46.

Se dice que la narración de este hecho elevó a Odhar por encima de la curiosidad local para convertirlo en un hombre de gran fama y reconocimiento. Empezó a predecir el futuro cobrando altos precios a las ricas familias escocesas del continente. Pese a todos sus supuestos poderes, sin embargo, tal vez su vanidad le impidió predecir su propia caída. Un día, cuando estaba en la cima de la fama, fue llamado a Brahan Castle, cerca de Dingwall, por Isabel, la esposa del tercer conde de Seaforth. El conde se retrasaba en su viaje de vuelta desde París, y la condesa estaba angustiada. Le rogó a Odhar que utilizase sus poderes para aliviar sus temores.

Según la leyenda, el vidente miró a través de la piedra e hizo una extraña mueca. «Señora», dijo «no tenéis que preocuparos por el estado de vuestro esposo. Está bien y es feliz.» Isabel le presionó para saber más detalles, pero él se negó a dárselos. Cuando la condesa recurrió a las amenazas, le respondió que en su visión había visto al conde en un suntuoso salón parisiense con una mujer entre los brazos.

Después de unos instantes de silencio habló la condesa. «Has ensuciado el nombre de mi señor en la casa de sus ancestros. Sufrirás la mayor venganza que puedo infligirte: morir en la hoguera». El conde regresó de París cuando Odhar iba a ser quemado. Al conocer lo ocurrido y ver que las palabras del vidente eran ciertas corrió a detener la ejecución. Mientras, Odhar, que creía que la condesa reflexionaría y reduciría su sentencia inicial, se percató de que estaba decidida a quemarlo. Se dice que presa del temor y la ira Odhar proclamó su última profecía, la que le supuso el título de vidente de Brahan: «Veo en el futuro lejano la fatalidad para la casta de mi opresor. Veo un adalid, el último de la casa, sordo y mudo. Será padre de cuatro hijos y los cuatro morirán antes que él. Lo que quede de las posesiones será heredado por una joven vestida de blanco que vendrá del Este y que matará a su hermana». Isabel estaba tan encendida que ordenó a sus hombres que metieran a Odhar de cabeza en un tonel de afilados cuchillos y lleno de brea de quemar. El conde llegó demasiado tarde y no pudo impedir este luctuoso hecho. Pocos años después, Isabel se quitó la vida lanzándose desde la torre del castillo.

Uno por uno, los elementos de la supuesta profecía de Odhar se cumplieron. Un conde de Seaforth nacido en 1754 perdió el oído a causa de la escarlatina cuando tenía 12 años. Sus cuatro hijos murieron jóvenes y, después de estas tragedias, perdió el habla. Murió el 11 de enero de 1815, y una de sus hijas regresó a Escocia desde la India, donde acababa de fallecer su marido, poco después de la muerte del conde. Iba vestida de blanco, el color del luto en la India. La mujer volvió a casarse, y como no había descendencia masculina, las posesiones de los Seaforth pasaron a ella y a su segundo marido. Un día, el carruaje que ella misma conducía volcó y mató a su hermana, concluyendo así el último acto de esta pronosticada tragedia.

Muchas de las supuestas profecías de Odhar se cumplieron años después de su muerte. Al parecer, predijo que la piedra de Petty, de ocho toneladas, situada tierra adentro, terminaría en el mar, tal como ocurrió en 1799 cuando un huracán azotó la zona y arrancó la piedra. Y hay quienes creen que las profecías de las leyendas suelen ocurrir. Se dice que Coinneach Odhar había augurado que «una vaca parda sin cuernos aparecerá en Minch y, con un rugido, derribará las seis torres de la Gairloch House. Todo el país quedará devastado, después de lo cual los ciervos y otros animales salvajes serán exterminados por un terrible lluvia negra». Los catastrofistas creen que la vaca parda sin cuernos es un submarino y el rugido una explosión nuclear con su consiguiente destrucción. Lo que resulta intrigante es que Gairloch House no tenía chimeneas cuando se proclamó esta profecía. Ahora, en cambio, tiene seis.

Algo que no existe en los cuentos del vidente Brahar es una discusión detallada de la mística piedra azul de Odhar. Aunque la piedra se ajusta al esquema de otros instrumentos de adivinación venerados desde la Antigüedad, esa piedra no era tanto un talismán mágico como un recurso que permitía a un poderoso intelecto dedicarse a la concentración. La naturaleza ofreció a la humanidad los primeros símbolos de conocimiento oculto: piedras, agua, flores, pájaros, nubes, y al intentar leer mensajes en ellos, nuestros ancestros dirigieron sus primeros pasos hacia las ciencias biológicas, geológicas e incluso meteorológicas.

En el mundo actual, leer las hojas de té y mirar la bola de cristal son dos de los métodos naturales de adivinación más utilizados, pero existen otras muchas técnicas tradicionales, cuyos nombres terminan en «mancia», un sufijo derivado de la palabra griega *mantis*, que significa «adivino» o «profeta». La capnomancia es la práctica de leer augurios en el humo elevándose en el aire; la apantomancia explora el significado de los encuentros con animales, lo que ha dado lugar, por ejemplo, a la idea de que si un gato negro se cruza en nuestro camino tendremos mala suerte. La antropomancia, tal vez la más morbosa de todas, es la adivinación mediante el sacrificio humano. Por fortuna, casi todas las formas de adivinación natural son más extravagantes que siniestras (*pág. 35*).

La adivinación a través de la naturaleza tiene, tal vez, sus raíces en los antiguos rituales chamánicos. Durante 25.000 años, los chamanes han desempeñado su papel de sacerdotes, magos y terapeutas. En las paredes de las cuevas de la Edad de Piedra aparecen chamanes en trance; todavía hoy, en zonas de Asia, el Ártico y las Américas, estos supuestos magos siguen practicando sus artes.

El eje central de las creencias chamánicas es la idea de que un espíritu sagrado mora en todo el mundo natural, incluidas las piedras. Los chamanes se someten a duras pruebas psíquicas para obtener una comprensión de esta fuerza,

*Esta reproducción en bronce de un hígado de cordero servía de guía a los antiguos etruscos para aprender el complejo arte de la hepatoscopia u «observación del hígado». Cada uno de los cuarenta segmentos de la reproducción, así como las zonas prominentes, estaba relacionada con un dios determinado o con un poder concreto de la naturaleza.*

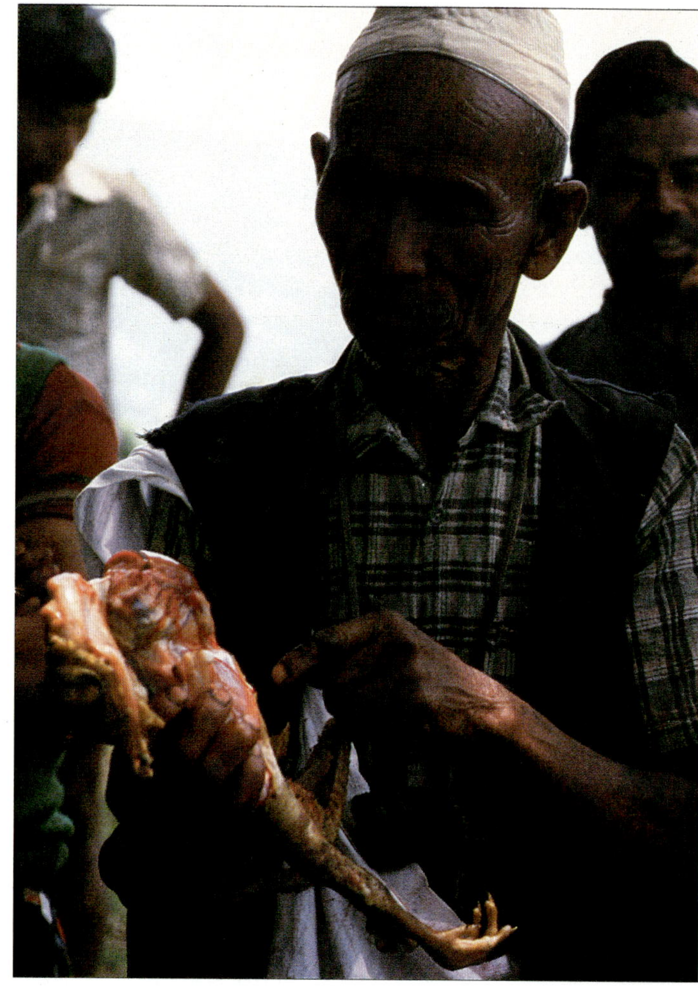

una comprensión que, al parecer, les permite discernir el futuro. Como ha dicho un chamán siberiano moderno: «En la orilla del río de la hondonada hay vida. Hay allí una voz que habla. He visto al dueño de la voz y ha hablado conmigo. Se sometió a mí y se sacrificó a mí. Ayer vino y respondió a mis preguntas. El pequeño pájaro gris de pecho azul viene a mí y canta canciones chamánicas en un tronco hueco, invoca a sus espíritus y practica chamanismo».

A medida que la civilización occidental desarrolló y codificó este tipo de técnicas, la adivinación se volvió más formal. Los griegos y romanos antiguos, por ejemplo, creían que todo acontecimiento natural era una señal de los dioses. Por tanto, cualquier suceso inusual, como una tormenta de granizo o el nacimiento de una ternera deforme, se consideraba un mensaje de los cielos.

A decir verdad, hay muchas pruebas de la falibilidad de la adivinación. Un ejemplo notable es el del general ateniense Nicias que, en el año 413 a. C. intentaba conquistar Siracusa en una batalla naval cuando se vio obligado a la retirada por la gran valentía de los defensores de la ciudad. La noche de la retirada, la luna llena los hubiera guiado hacia su país, pero hubo un eclipse total. La tripulación era presa del pánico y Nicias llamó a un adivino. Su vidente habitual había muerto por lo que tuvo que recurrir a un inexperto sustituto. Este dijo que el eclipse era una directriz de los dioses para retrasar la retirada 27 días, es decir, hasta la siguiente luna llena. Nicias aceptó la predicción y los atenienses fueron derrotados por los siracusanos.

En la antigua Roma, la adivinación asumía funciones distintas. La más importante era el augurio. Considerado en esa época una ciencia profunda, el augurio era el estudio de los eclipses y los truenos, el comportamiento de los pájaros y animales y otras señales de la naturaleza, llamadas auspicios. Los augures buscaban la aprobación divina para las decisiones y las acciones de los líderes de la sociedad. Ya que las elecciones, las consagraciones y las declaraciones de guerra podían posponerse hasta que fueran considerados propicios, los videntes ejercían un enorme control sobre las vidas de los ciudadanos y los destinos de las comunidades.

Los augures romanos tomaron muchas de sus prácticas de la antigua cultura etrusca, y su intrincado sistema se transmitía oralmente de generación en generación. Con el paso del tiempo, se institucionalizó el augurio en la república romana, y los augures estaban agrupados en un colegio formal, junto a los pontífices, que administraban las ceremonias públicas, y los encargados de preservar los libros de la Sibila (una antigua colección de oráculos proféticos). Las interpretaciones de los augures eran registradas y conservadas, con sus consiguientes resultados, en unos archivos secretos.

Para profetizar auspicios importantes, con los ojos vendados, el augur iba con un magistrado a un espacio al aire libre. El magistrado escudriñaba los cielos y la tierra, le contaba al augur lo que veía y le pedía que lo interpretase. Para los augures romanos, los relámpagos significaban comunicación directa con Júpiter, el padre de los dioses, y se interpetaban según el sector del cielo en que se producían. Los relámpagos en el este eran propicios, mientras que los del oeste eran desafortunados, y los del norte los de más mal agüero. Por eso, los relámpagos en el noroeste, que significaban malas noticias, eran especialmente temidos. A veces, sin embargo, el mensaje era más directo. Se cuenta que un relámpago cayó en una estatua de César Augusto, borrando la primera letra de la palabra *Caesar*. Como la letra C era el signo romano de la cifra 100, los augures interpretaron que sólo viviría 100 días más, lo que, al parecer, ocurrió.

En otra forma de augurio romano, los alectriomantas uti-

lizaban gallos de corral. Estos augures trazaban un círculo en el estiércol y lo dividían en segmentos, poniendo una letra del alfabeto en cada uno de ellos. Después esparcían grano sobre el dibujo y el gallo iba comiendo. El orden de los segmentos en los que comía formaban una palabra con las letras asignadas a cada segmento.

Tal vez la forma más elaborada de adivinación clásica fue la inspección de las entrañas de animales sacrificados para conocer en ellas el designio de los dioses. Llamada aruspicia, esta práctica llegó a los griegos y los romanos a través de los etruscos o de las antiguas culturas de Asiria y Babilonia. La teoría subyacente de esta práctica es la de que un anmal, nor-

malmente un carnero o un buey, cuando es sacrificado, era absorbido por el dios al que era ofrecido, creándose así un canal de comunicación directo con la deidad. Al escudriñar sus vísceras, el arúspice afirmaba estar viendo la mente del dios y el futuro que estaba creando.

Tal vez se haya dudado de sus predicciones, pero lo que sí es cierto es que esos arúspices aprendieron anatomía. En las ruinas etruscas y babilonias, los arqueólogos han descubierto imitaciones de hígados de una precisión admirable, cubiertos con inscripciones sobre los dioses y los cielos. Al parecer, los arúspices estaban especialmente interesados en el *processus pyramidalis*, la proyección piramidal de la forma del hígado. Una proyección entera era un buen augurio mientras que una requebrajada significaba problemas en el futuro. Pocos días antes del 15 de marzo del año 44 a. C., Espurinna Vestricius, el arúspice de Julio César, descubrió que el hígado de un toro sacrificado no presentaba ningún proceso piramidal y advirtió al emperador de que su vida corría peligro. César ignoró este consejo tan oportuno y murió, como se había pronosticado, en los sangrientos Idus de marzo, de veintitrés heridas de daga que le infligió un grupo de sus colaboradores más cercanos.

Con el paso del tiempo, los arúspices sustituyeron a los augures en las predicciones oficiales para el gobierno, pero al final ambas prácticas degeneraron en superstición, comercialismo y fraude. En una ocasión, un arúspice griego llamado Soudinos, para incitar a un ejército a la batalla, escribió las palabras «victoria del rey» al revés en la palma de la mano. Cuando sacó el hígado del animal, este grito de guerra estaba grabado «milagrosamente» en la víscera, y los soldados corrieron a luchar. No consta en ninguna crónica si vencieron o no.


Lejos de los centros de la cultura mediterránea, otros pueblos menos civilizados practicaron sus propias formas de adivinación. A diferencia de los griegos y romanos, que realizaban sus elaborados rituales en deslumbrantes templos de mármol, los druidas del norte de Europa celebraban sus misterios en las profundidades de los bosques. A la sombra de los robles los novicios eran iniciados en las órdenes druídicas con un aprendizaje que duraba veinte años.

Los druidas eran los líderes espirituales de los celtas, un pueblo que, antes de las conquistas romanas, estaba establecido en España, Francia, Alemania, Gran Bretaña, y hacia el este, habían llegado hasta Polonia y Turquía. Los celtas afirmaban tener una característica hereditaria llamada *an-da-shel-ladh*, «las dos visiones», pero su ejercicio era un privilegio reservado a los druidas.

Lo poco que sabemos sobre esta seleccionada casta nos llega a través de los autores clásicos. Los druidas eran el cuerpo sacerdotal de los celtas, los responsables de la transmisión del saber tradicional, administrar justicia, celebrar ceremonias religiosas y de adivinación. Pero los romanos con-

En una esquina de la ciudad de México, Lucerito, el canario amaestrado, elige al azar una tarjeta que revelará la suerte de un transeúnte que ha pagado unos pocos pesos al propietario del pájaro.

# 44 maneras de conocer el futuro

A lo largo de la historia se ha utilizado una sorprendente variedad de objetos naturales y acontecimientos como medios de adivinación del futuro. Esta lista contiene algunas de las formas de profecía más corrientes y curiosas.

**Aeromancia** mediante la observación de los fenómenos atmosféricos.

**Alfitomancia** mediante la ingestión de una tarta de centeno cocinada de manera especial.

**Austromancia** mediante el estudio de los vientos.

**Calcomancia** mediante la interpretación de los tonos que se obtienen golpeando recipientes de cobre o latón.

**Botanomancia** mediante el encendido de ramas de verbena o brezo blanco.

**Ceromancia** mediante la observación de las figuras que forma la cera derretida al mezclarse con agua.

**Cresmomancia** mediante el lenguaje de una persona que desvaría.

**Cromniomancia** mediante la observación del crecimiento de unas cebollas especialmente preparadas.

**Dafnomancia** mediante el sonido que producen las hojas de laurel al ser quemadas.

**Enomancia** mediante el color, el aspecto y el sabor de los vinos.

**Escapulomancia** mediante las marcas en los omóplatos de un animal.

**Esciomancia** mediante el tamaño, la forma y los cambios de aspecto em las sombras en los muertos.

**Esplancomancia** mediante el examen de las vísceras de animales sacrificados.

**Felidomancia** mediante la conducta y las acciones de los gatos.

**Filorodomancia** mediante el ruido de los pétalos de rosa al ser estrujados entre las manos.

**Floromancia** mediante el estudio de las flores o las plantas.

**Gelomancia** mediante la interpretación de la risa histérica.

**Giromancia** mediante los murmullos de los que están exhaustos después de una danza ritual.

**Halomancia** mediante el lanzamiento de sal al fuego.

**Hipomancia** mediante la observación del modo de andar de los caballos durante procesiones ceremoniales.

**Ictiomancia** mediante la observación de los peces, vivos o muertos.

**Litomancia** mediante el reflejo de una vela en piedras preciosas.

**Lincomancia** mediante la observación de las llamas de tres velas que formen un triángulo.

**Macaromancia** mediante espadas, dagas y cuchillos.

**Margaritomancia** mediante la acción de una perla encantada en un recipiente cerrado.

**Metapomancia** o **Metoposcopia** mediante las líneas de la frente de una persona.

**Miomancia** mediante los sonidos, acciones o apariciones repentinas de ratas y ratones.

**Nefelomancia** mediante el movimiento y la forma de las nubes.

**Ofiomancia** mediante el estudio de las serpientes.

**Onfalomancia** mediante la contemplación del propio ombligo.

**Onicomancia** mediante el reflejo del sol en las uñas.

**Oniromancia** mediante la interpretación de sueños y visiones nocturnas.

**Ovomancia** mediante la observación de las formas que adopta la clara de huevo al ser vertida en el agua.

**Podomancia** mediante el estudio de las plantas de los pies.

**Selenomancia** mediante las fases y el aspecto de la luna.

**Sicomancia** mediante el secado de hojas de higuera.

**Sideromancia** mediante las formas que adopta la paja seca al ser vertida en hierro caliente.

**Tiromancia** mediante la coagulación del queso.

**Transtaumancia** mediante acontecimientos vistos u oídos por casualidad.

**Uromancia** mediante el examen de la orina.

**Xilomancia** mediante la interpretación de ramas caídas de los árboles o de las posiciones de los troncos al arder en una hoguera.

**Zoomancia** mediante leyendas de animales imaginarios, como los monstruos marinos.

---

sideraban a estos sacerdotes primitivos y detestables, sobre todo cuando descubrieron que sus métodos de adivinación incluían los sacrificios humanos. En tiempos de paz, los druidas sacrificaban toros blancos, pero en épocas de guerra sacrificaban enemigos capturados o criminales. Estas infortunadas «ofrendas» eran encerradas en gigantescas esculturas y allí eran quemadas. Mientras las llamas ascendían, los druidas practicaban con toda tranquilidad la piromancia y la antropomancia, leyendo el futuro en la forma del humo y de las llamas y en los gritos de las víctimas.

Cuando los romanos conquistaron dominios celtas intentaron frenar estas prácticas. Más tarde, los misioneros cristianos continuaron el esfuerzo, ordenando incluso la matanza de abadejos, unos pájaros muy apreciados por los celtas porque creían que sus gorjeos contenían profecías.

Pero estas viejas costumbres no desaparecieron del todo con el poder militar de Roma o el peso del cristianismo. Algunos creen que el más famoso de los magos, Merlín de la leyenda del rey Arturo, era un druida que seguía practicando 500 años después de Cristo. Todavía hoy, hay británicos que afirman tener ancestros druidas y que celebran antiguos rituales durante el solsticio de verano en Stonehenge, un lugar que algunos erróneamente creen que fue construido por los druidas como centro ceremonial.

Los druidas y augures ya no juegan un papel importante en la sociedad, pero sus consejos adivinatorios todavía persisten, especialmente en creencias tradicionales sobre el significado del tiempo, las plantas y los presagios que transmiten los animales. El trébol de cuatro hojas sigue representando buena suerte, y si una cigüeña vuela sobre una casa se sigue hablando de embarazo inminente.

Las leyendas antiguas cuentan que los que ignoran la sabiduría de los animales están más expuestos a riesgos. La víspera de una batalla naval contra los cartagineses, Claudio Pulquer, comandante de la flota romana ignoró un presagio animal. Los gallos sagrados del barco se negaban a comer. «Tirad los gallos al agua, gritó. ¡Si no quieren comer, que beban!» Los marineros romanos cumplieron las órdenes de su jefe y fueron derrotados por los cartagineses.

Mucho después que el augurio formalizado desapareciera, la conducta de los pájaros seguía interesando a los interpretadores de presagios. En Gran Bretaña, por ejemplo, los cuervos siguen teniendo un significado especial. Un grupo de ellos ha ocupado la Torre de Londres durante siglos, y la idea de que si un día se van la familia real desaparecerá está muy divulgada. También se cree que el dominio británico sobre Gibraltar terminará el día que la colonia nativa de abejas bereberes abandone el peñón.

Muchas personas creen todavía que los animales son prescientes y que sus acciones están llenas de significado adivinatorio. Estas creencias pueden estar alentadas por el hecho de que los animales tienen los sentidos de la vista, el oído u el olfato mucho más desarrollados que los humanos. Se cree que los perros, por ejemplo, pueden predecir la muerte de sus amos, pero tal vez lo único que detecten son sutiles cambios químicos en el cuerpo, y que el supuesto poder psíquico de estos animales de compañía sea sólo un agudo sentido del olfato.

También se dice que los insectos tienen poderes adivinatorios. Se creía que el ruido parecido al tic-tac de un reloj de los llamados escarabajos del velorio eran presagio de muerte inminente en la casa en que se les veía. Esta creencia estaba muy extendida durante el siglo XVIII. El escritor británico Duncan Campbell escribió despectivamente en 1732: «A cuántas personas he visto en el más terrible estado de excitación durante meses, esperando hora tras hora la llegada de alguna calamidad sólo porque una carcoma que se alimenta de una vieja mesa hace al comer un ruido similar al tic-tac del reloj».

*El arte de leer los posos del café, demostrado por esta mujer francesa en 1909, es similar al de la lectura de las hojas de té. La clave son los posos; los romanos antiguos leían los posos del vino.*

También ha persistido en los tiempos modernos la creencia en la supuesta sabiduría de las plantas. Mucha gente, por ejemplo, cree que si se tira laurel al fuego y cruje mientras se quema es un buen presagio y que, en cambio, es un mal presagio que se queme en silencio, una idea que puede tener sus orígenes en el imperio romano, en cuya capital había un bosque de laureles formado por árboles que habían plantado todos los emperadores que habían ascendido al trono. Pero en el año 68 d. C., el último de la vida del emperador Nerón, todo el bosque se secó, presagiando así la caída de los césares.

El uso de las plantas en la adivinación fue sistematizado a mediados del siglo XVIII cuando el francés Rinoir Montaire, profesor de la Universidad de Lyon, ideó un sistema, el oráculo floral, que rápidamente se hizo muy popular. Sus clientes elegían flores de un gran ramo y sus elecciones supuestamente denotaban características de la personalidad e inclinaciones profesionales. El cardo, como es natural, denotaba un temperamento arisco, mientras que un geranio escarlata, por razones más oscuras, significaba estupidez. La persona que elegía una flor de manzano será abogado, la que escogía un lirio podía llegar a político.

Entre las formas de adivinación más solicitadas están las que predicen el tiempo. Incluso en este siglo XX, con todos sus avances tecnológicos, la predicción exacta del tiempo es importante. En épocas anteriores, más afectadas por los caprichos de la naturaleza, era una herramienta crucial. Los adivinos del mundo antiguo lo escudriñaban todo, desde el comportamiento de los cuerpos celestes hasta el apetito de las moscas, para saber si al día siguiente llovería o brillaría el sol.

A veces, estas predicciones podían trastornar sociedades enteras. Por ejemplo, un almanaque publicado en 1499 por Johannes Stöffler predecía que una conjunción planetaria que se daría el 2 de febrero de 1524 causaría en Europa un diluvio como el de Noé. A medida que la fecha se acercaba, habían sido distribuidos 137 panfletos con la predicción del desastre. Los habitantes de Toulouse, construyeron enormes arcas. El margrave de Brandenburgo, Alemania, subió con sus ciudadanos a la cima del Kreuzberg, cerca de Berlín, y no bajaron hasta que quedó claro que no se produciría tal diluvio. Pese a toda la tecnología y energía humana dedicadas a ella, la meteorología moderna es todavía una ciencia joven e insegura.

El primer barómetro, construido por Evangelista Torricelli, discípulo de Galileo en el siglo XVII, podía indicar las tendencias del tiempo con uno o dos días de antelación, e incluso los meteorólogos actuales, equipados con instrumentos mucho más sofisticados, admiten que la exactitud de sus predicciones disminuye hasta cero cuando se trata de ofrecer previsiones a cinco o diez días vista.

Dada la brecha existente entre el deseo de unas precisiones meteorológicas perfectas y los medios para conseguirlas, no resulta sorprendente que los refranes populares acerca del tiempo hayan sobrevivido al paso de los años. Un método muy antiguo es un calendario de predicciones basado en los santos de los días. Según este sistema, si hay heladas por san Sulpicio (17 de enero), la primavera será buena, mientras que si el día de san Vicente (22 de enero) brilla el sol, será un buen año para las viñas. En palabras de un meteorólogo, muchas de estas creencias «caen por el peso de su propio demérito» cuando son verificadas. Pero no todas ellas son inexactas. A diferencia de otras formas de adivinación que presuponen un cierto grado de fe ciega, la validez objetiva de estos indicadores naturales ha sido estudiada por pos científicos. Los científicos afirman que los pájaros vuelan más bajo antes de las tormentas, como afirma el conocimiento popular. Parece ser que las bajas presiones que preceden a las tormentas no les dejan volar con comodidad y por eso buscan alturas más bajas en las que la presión es más adecuada a sus necesidades.

De hecho, los elementos básicos de la meteorología como la temperatura, la humedad, la presión del aire y la velocidad del viento, pueden ser discernidos fácilmente por los observadores de la naturaleza sin necesidad de instrumentos complicados. Las nubes largas y deshilachadas normalmente preceden a los frentes cálidos, mientras que los frentes fríos vienen a menudo anunciados por los cielos de «borreguito», o altocúmulos algodonosos.

Y la declaración de Jesús a los fariseos: «Cuando llega la noche y decís habrá buen tiempo porque el cielo está rojo» es todavía válida. En realidad, este rojo al que se refieren muchos refranes está más cerca del rosa, porque los atardeceres rosas son señal de tiempo seco, ya que el color está producido por la luz solar pasando a través del polvo. La luz de los atardeceres de color rojo intenso brilla a través de vapor de agua, una señal de que habrá tiempo húmedo.

econociendo que estos dichos son, con frecuencia, precisos, los científicos han realizado serios estudios del refranero popular con vistas a la predicción de terremotos, como la observación de la conducta anómala de los animales y otros cambios en la naturaleza como medios de detección precoz de los terremotos. En China, por ejemplo, donde los terremotos son frecuentes y, a menudo, devastadores, el gobierno cuenta con la ayuda de 100.000 observadores *amateurs* que detectan señales de aviso tales como los cambios en el nivel de las aguas.

Que esas señales tradicionales pueden ser indicadores válidos de seísmos inminentes quedó ampliamente demostrado a principios de 1975, cuando los sismólogos que medían las vibraciones del interior de la tierra encontraron pruebas de que un importante terrremoto sacudiría la ciudad portuaria de Yingkow.

Al mismo tiempo, los habitantes de la ciudad empezaron a observar los indicadores de la naturaleza: se producían burbujas en el agua de los pozos, las ratas y ratones se movían tambaleantes como si estuvieran drogados, y las serpientes salían de los agujeros donde hibernaban para morir congeladas en la superficie. El 4 de febrero, mientras la conducta animal anómala aumentaba junto con la actividad sísmica, los habitantes de Yingkow fueron evacuados. Esa noche, un monstruoso seísmo destruyó la ciudad.

Aunque resulte muy tentador atribuir poderes psíquicos a los animales, pueden bastarnos unas explicaciones más mundanas. Bajo unas condiciones atmosféricas determinadas, por ejemplo, los seres humanos pueden oír ruidos muy fuertes a una distancia de 900 km. Un animal con un oído mucho mejor que el humano puede oír las ondas sonoras de los inicios de un seísmo cuando éstas todavía retumban en las profundidades de la tierra.

Muchas personas que viven en zonas afectadas por los seísmos se sentirían más tranquilas confiando en las previsiones de los científicos que en el comportamiento de los animales. La confianza en los augurios naturales para predecir el tiempo también ha disminuido. Pero al mismo tiempo, la adivinación mediante la observación de fenómenos naturales ha evolucionado hacia unas formas más simbólicas que implican los supuestos poderes psíquicos de la mente humana.

Existe una técnica conocida con el nombre de taseomancia, o más vulgarmente, lectura de las hojas de té. Se cree que esta práctica es una evolución de la geomancia o adivinación mediante los dibujos cambiantes de la arena a orillas del mar o los guijarros lanzados al suelo al azar. Lo mismo que el propio té, este arte nació seguramente en la antigua China y el mundo moderno llegó a conocerlo gracias a la afi-

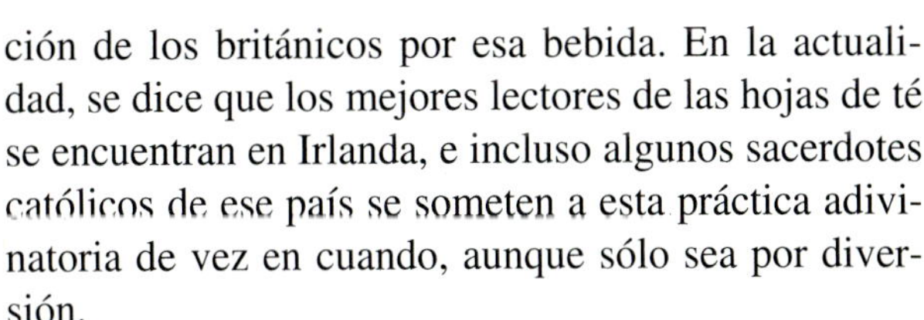

ción de los británicos por esa bebida. En la actualidad, se dice que los mejores lectores de las hojas de té se encuentran en Irlanda, e incluso algunos sacerdotes católicos de ese país se someten a esta práctica adivinatoria de vez en cuando, aunque sólo sea por diversión.

En Estados Unidos, la taseomancia se practica a menudo en los salones de té regentados por gitanos de las grandes ciudades. En estos lugares, una camarera sirve la comida junto con una taza de té antes de proceder a la lectura. Estos establecimientos, con su descarado espíritu de lucro, han dado a la taseomancia una reputación más que dudosa. Por ejemplo, la conocida médium Eileen Garrett, que se mostraba más bien escéptica ante muchas formas de adivinación, cuenta en uno de sus libros que una solitaria maestra de escuela, que trabajaba en un pueblo pequeño, fue a Nueva York a principios de siglo y se hizo leer las hojas de té. Durante la sesión, el taseomanta vislumbró que su cliente sentía una secreta pasión por el pastor de la iglesia de su pueblo, felizmente casado. Jugando con los deseos ocultos de la maestra, el taseomanta afirmó

*Los caballos encabritados, los cerdos aterrorizados y los peces saltarines pueden ser una ayuda para presagiar terremotos, según las cuatro escenas extraídas de un cartel educativo chino actual (página anterior). Los científicos tienen en cuenta estos augurios naturales, como las irregularidades del agua en los pozos (arriba), para anunciar terremotos y prevenir a la población contra ellos.*

que las hojas indicaban que la esposa del pastor tenía una relación extraconyugal. Esta información incitó a la maestra a mandar notas anónimas avisando al pastor, lo que causó un gran escándalo. Al final se vio obligada a confesar lo que había hecho y tuvo que dejar su trabajo y abandonar el pueblo.

Para que no se produzcan este tipo de manipulaciones, lo mejor es que cada uno aprenda a leer sus propias hojas de té. En un reciente libro sobre el tema, el experto taseomanta Ian McKinnie, que practica este arte en Santa Rosa, California, explica la técnica. Recomienda empezar con el tipo de té apropiado. Tiene que ser té en hojas, no de bolsita. (En caso de no disponer de té, pueden utilizarse los posos del café). Prepare el té y viértalo con algunas hojas en una taza blanca. Después de beberlo todo excepto la última media cucharada, mueva la taza en sentido circular varias veces y déle la vuelta poniéndola sobre el plato. Espere unos momentos a fin de que suelte todo el líquido y levante la taza para examinar las hojas que han quedado en el interior.

Busque imágenes familiares en las hojas. Como se dice que indican acontecimientos futuros, entre las más obvias están un avión (un viaje inminente), un ángel (buenas noticias), una colmena de abejas (prosperidad), y una montaña (un obstáculo o una gran ambición). Otras imágenes menos claras son los prismáticos (una discusión), un canguro (armonía doméstica), una cacerola (ansiedad), y un campanario (un retraso). Las ratas y ratones significan peligro o pérdidas financieras, que empeoran cuanto más largas sean las colas de esos animales.

Además de mostrar estos augurios, según McKinnie, la distribución de las hojas en el interior de la taza indica rasgos de la personalidad del consultante. Las hojas bien esparcidas denotan una personalidad abierta y optimista; por contra, todas las hojas amontonadas en el fondo de la taza indican una personalidad conservadora y chapada a la antigua.

McKinne afirma tener mucho éxito en su práctica taseomántica. En una ocasión, dice, las hojas le permitieron ver que una amiga de su hija sería azafata, se casaría con el novio que tenía entonces y se iría a vivir a Australia. Con el tiempo se cumplieron los tres pronósticos.

Debido al carácter subjetivo de estos presagios, la taseomancia es más considerada un entretenimiento que una práctica de adivinación seria. Como señaló la escéptica Eileen Garrett: «¿Han *mirado* alguna vez hojas mojadas de té? ... Debo confesar que revelan muy poco a mis desazonados ojos... ¿Qué astuta jurisdicción puede decidir si esa línea

*El catorceavo Dalai Lama, a la edad de dos años.*

sinuosa que forman las hojas es una serpiente, símbolo del mal, o una serpentina, símbolo de buena fortuna? ... Para ver imágenes en las hojas de té se requiere una imaginación muy fértil.»

Posiblemente, una de las formas más penetrantes de adivinación natural sea la cristalomancia, en la que el adivino supuestamente sondea las profundidades del conocimiento oculto concentrándose en una superficie lisa, clara o reflexiva. La cristalomancia asume muchas formas distintas. Los antiguos griegos practicaban la hidromancia, es decir, la lectura de las aguas de una fuente, como la que se encontraba frente al santuario de la diosa Deméter. Para conocer el destino de una persona enferma, los hidromantas sumergían, colgado de una cuerda, un espejo dentro de la fuente. Cuando sacaban el espejo y lo escudriñaban podían ver, al parecer, la imagen de la persona viva o muerta.

La gastromancia era otra forma de cristalomancia. Según Damascius, un filósofo del siglo VI, los gastromantas «llenaban unos vasos redondos con agua clara, los situaban junto a antorchas encendidas y pronunciaban la pregunta a la que se buscaba respuesta. El demonio contestaba mediante los reflejos del fuego en el agua, los cuales representaban lo que iba a ocurrir.»

En la antigua India, los guerreros practicaban a menudo la cilicomancia, mirando un recipiente de agua antes de empezar una batalla. Si veían su imagen reflejada, sabían que regresarían con vida. Los tahitianos afirmaban utilizar la cilocomancia para seguir el rastro de los ladrones. Después de cavar un hoyo en la casa que había sido robada, el ciclomanta llenaba el hoyo con agua, invocaba a una deidad y esperaba que la imagen del culpable se revelara en la superficie del agua.

Pese a la amplia aceptación de la cristalomancia y quizá debido precisamente a ella, los primeros líderes cristianos la condenaron de inmediato. San Patricio declaró que todo cristiano que creyera que los demonios podían verse en los espejos sería apartado de la Iglesia hasta que se arrepintiera. Sin embargo, en la Edad Media esta técnica continuó floreciendo, y sus practicantes utilizaban todo tipo de instrumentos para las lecturas, desde las hojas de las espadas a las uñas de las personas.

Roger Bacon, el místico británico del siglo XIII, poseía un cristal «de naturaleza extraordinaria, en el que cualquier hombre podía contemplar lo que desease ver en un radio de 75 km a la redonda». (Algunos historiadores afirman que esta leyenda se generó a partir de los estudios realizados por Bacon en el ámbito de la óptica). Sin embargo, Bacon fue encarcelado por sus prácticas de ocultismo y por sus ataques contra los teólogos y eruditos de su tiempo. Y en 1476, cuando un tal William Byg de Yorkshire confesó que utilizaba un cristal para encontrar las propiedades que les habían robado a sus vecinos, fue obligado a dirigirse a la catedral de Saint Peter en York, donde tuvo que retractarse públicamente y quemar sus libros.

Para la cristalomancia se ha utilizado todo tipo de superficies lisas y reflectivas, como la sencilla piedra de Coinneach Odhar, el vidente de Brahan. Hay quienes afirman haber utilizado la cáscara de huevo o las pompas de jabón. Un practicante contemporáneo dice que ha empleado la pantalla de un televisor apagado, un radiador, una taza de café de color negro y hasta sus zapatos muy lustrados.

Sin embargo, no hay ningún instrumento que pueda superar en claridad los supuestos poderes de la conocida, aunque enigmática, bola de cristal. Y ningún cristalomanta como John Dee, matemático, filósofo y consejero de Isabel I, ha desempeñado un papel tan importante en la historia.

Hijo de un oficial de la corte de Enrique VIII, Dee era un excepcional estudiante que entró en la Universidad de Cambridge cuando tenía quince años. Aunque se decía que estudiaba 18 horas al día, una vez Dee dedicó su tiempo libre a construir un complicado soporte para una representación de teatro estudiantil. Se trataba de un escarabajo volador que llevaba hasta el techo al héroe de una tragedia griega. El público quedó tan impresionado por el espactáculo que durante la obra varias veces gritó: «¡Brujería! ¡Brujería!».

Dee destacó en Cambridge y fue nombrado profesor adjunto antes de terminar su licenciatura. Después de obtener el título viajó al continente para proseguir sus estudios, y se hizo famoso en París, de la noche a la mañana, tras una serie de conferencias sobre las obras recién encontradas del matemático griego Euclides. Al igual que otras ciencias clásicas, las matemáticas habían caído en el olvido durante la Edad Media y en el siglo XVI seguían teniendo un halo de magia y conocimiento prohibido. Las conferencias de Dee causaron sensación, y miles de estudiantes abarrotaron el aula y treparon por las paredes exteriores para poder oírlas.

Después de su regreso a Inglaterra en 1551, Dee conoció a la que sería la reina Isabel I mientras ésta sufría un arresto domiciliario que le había impuesto la reina María. Entre ellos nació una amistad que duraría hasta el final de sus vidas. Cuando fue reina, dio dinero a Dee y una asignación real como rector del Christ College de Manchester y, lo que es más importante, le protegió siempre de los que le acusaban de brujería. Isabel llegó incluso a fijar la fecha de su coronación en 1558 siguiendo los cálculos astrológicos de su protegido.

La casa de Dee en Mortlake, cerca de Londres, fue durante muchos años, un importante centro de las ciencias en Inglaterra. Dee rescató muchos tomos científicos antiguos que se habían perdido cuando las iglesias y monasterios católicos fueron saqueados durante la Reforma, y su biblioteca, compuesta por más de 4000 libros, era seguramente la más grande del género en Europa.

Sin embargo, en 1581, la vida de John Dee le llevó por unos derroteros completamente distintos. Más tarde escribió que, una noche de otoño, mientras estaba arrodillado rezando «de repente brilló una luz deslumbrante, en medio de la cual, en toda su gloria, apareció el gran ángel, Uriel.» Al parecer el espíritu entregó a Dee «el cristal más brillante, claro y diáfano, del tamaño de un huevo» y le dijo que si miraba a través de él se comunicaría con espíritus del más allá. John Dee quedó maravillado ante esta perspectiva, pero pese a la promesa del ángel, tuvo poca suerte con su cristal. El científico contrató a otras personas para que practicaran y hablaran con los espíritus mientras él tomaba minuciosas notas.

Desafortunadamente, esas personas contratadas tenían menos escrúpulos que Dee. El que estuvo más tiempo a su lado fue Edward Kelly. Se trataba de un típico truhán renacentista, que había sido abogado y al que le habían cortado las orejas por falsificación antes de conocer a Dee. También se le había acusado de necromancia, una práctica adivinatoria que se sirve de cuerpos muertos.

Kelly era un charlatán, pero sus prácticas de cristalomancia con Dee tal vez fueron honestas, al menos al principio. Le dijo a Dee que «en el centro del cristal parece haber algo redondo y pequeño como una centelleo de fuego, y cada vez se hace más grande, como un globo de unos cincuenta centímetros de diámetro». En esta chispeante esfera central, Kelly dijo que se hallaba una corte de seres celestiales que, entre otras cosas, querían enseñar a Dee el «enoqueo», el lenguaje de los ángeles y los habitantes del jardín del Edén. De hecho, los supuestos escritos de Dee en enoqueo son lo bastante elaborados como para convencer a algunos lectores crédulos de que se trataba de una antigua lengua prehebrea. Pero un investigador ha apuntado que el enoqueo era un código que Dee utilizaba para transmitir mensajes a la reina Isabel desde el continente, cumpliendo las supuestas funciones de miembro fundador del servicio secreto británico.

El ávido interés de Dee por la cristalomancia no fue más que una parte del impulso intelectual que le llevaba a estudiar los secretos del mundo natural. Para su mente inquieta, no existían diferencias entre magia y ciencia, el conocimiento era siempre conocimiento ¿y quién mejor que los ángeles para otorgarlo? En cambio, el astuto Kelly estaba más interesado en hacer fortuna de una manera rápida mediante la alquimia, sobre todo con el secreto tan largo tiempo buscado de convertir metales en oro. Estos ideales distintos movieron a ambos a trasladarse a Polonia en 1583, a instancias del conde Alberto Laski, que esperaba que pudieran ayudarle en sus estudios de alquimia.

En esa época, Edward Kelly parecía tener a Dee bajo un control absoluto, pero un día llevó las cosas demasiado lejos. El 18 de abril de 1587, anunció que la bola de cristal había ordenado que compartieran sus esposas. Dee era tan dependiente de Kelly que firmaron un acuerdo para hacerlo. Si el pacto se consumó es algo que no está claro, pero los Dee enseguida regresaron a Inglaterra sin Kelly.

El irrefrenable Kelly se trasladó entonces a Praga, invitado por el emperador del Sacro Imperio Rodolfo II, que también quería aprender el secreto de la alquimia. Como Kelly no pudo proporcionárselo, fue encarcelado, acusado de brujería y

*Catalina de Médicis observa con asombro, en este grabado de 1887,
cómo el famoso profeta Nostradamus hace aparecer en un espejo los destinos de sus hijos.
La reina de Francia consultaba regularmente al vidente, el cual posiblemente adaptó sus
predicciones a los deseos de la soberana.*

fraude. En 1593, cuando intentaba escapar descolgándose por una improvisada cuerda hecha con sábanas, ésta cedió y cayó, rompiéndose varios huesos. Al día siguiente murió.

La suerte de Dee no fue mucho mejor. Su protectora Isabel murió en 1603. Intentó contratar a otras personas para que leyeran el cristal pero todas resultaron deshonestas, y finalmente terminó, en palabras del biógrafo John Aubrey, como un viejo derrotado, «con una larga barba blanca, tan blanca como la leche, alto y delgado, que vestía una túnica de manga larga». Ganó muy poco dinero adivinando el futuro y tuvo que vender sus preciados libros, uno tras otro, para comer. Dee murió en 1608, cuando sus sueños de obtener el conocimiento sublime se habían esfumado desde hacía mucho tiempo. Sin embargo, ganó algo de inmortalidad porque muchos creen que inspiró a Shakespeare el personaje de Próspero, el brujo de *La Tempestad*.

Entre todas las formas de adivinación, la cristalomancia ha continuado ocupando un puesto central y, junto con otras formas de ocultismo, floreció en la oleada espiritualista de finales del siglo XIX. Uno de los más famosos cristalomantas de esa época fue Nell St. John Montague, una mujer británica cuya autobiografía *Revelations of a Society Clairvoyance*, es como una narración de cuentos de misterio.

Montague nació en India poco antes de finales de siglo, hija del general C. B. Lucien Smith. Su juguete favorito, escribió, era una bola de cristal que le había regalado una niñera india. Un día, cuando tenía cinco años, cuenta Montague, estaba mirando la bola cuando de repente pareció moverse y perder su forma. «En su lugar, según Montague, apareció una espesa niebla negra que se extendía envolviendo todo el espacio que tenía ante mí. Entonces en la oscuridad vi reflejado el dormitorio de mi madre, y mis ojos se posaron en el vesti-

do bordado de color azul que estaba sobre la cama, esperando que mi madre se lo pusiera... Mi madre se acercaba al lecho con las manos extendidas para coger el vestido, cuando, casi paralizada por el horror, vi algo que se desenroscaba entre las suaves sedas. Grité con todas mis fuerzas y la bola cayó al suelo mientras la cobra escondida se disponía a atacar.»

La aterrorizada niña fue a buscar consuelo junto a su madre, que creyó que los gritos habían sido producto de una pesadilla. Con la intención de calmar sus temores, la señora Lucie-Smith llamó a un guardián y los tres fueron al dormitorio a investigar. Según el relato de Montague, su madre la instó a mirar y a asegurarse de que no había ninguna serpiente en la habitación. «Entonces, para demostrarme que lo que decía era cierto, se acercó a la cama. Mientras lo hacía un fuerte grito salió de los labios del guardián que, con admirable valentía, apartó a mi madre, y con su fusil disparó a la cobra que ya se precipitaba hacia él con el cuello hinchado».

A partir de entonces, según Montague, sus padres creyeron firmemente en sus poderes, y siguió dedicándose con éxito a la cristalomancia en Europa. Una vez, mientras hacía una lectura para un oficial de la marina, vio en el cristal los cuerpos manchados de sangre de unas mujeres, con las ropas arrancadas de sus cuerpos. Aunque temía que su cliente fuera o pudiera ser un asesino, le contó lo que había visto. Un año más tarde, el oficial le escribió para informarle de que la visión se había cumplido, que los cuerpos de las mujeres eran los de las víctimas de un terremoto en Mesina, Italia, y que había llevado a esas mujeres a su barco durante las tareas de rescate. En otra ocasión, una mujer británica que vivía en la India le escribió para pedirle una lectura, adjuntando una carta de su hijo. Montague puso la carta ante la bola de cristal y vio la imagen de tres muchachos que eran maltratados por un clérigo de aspecto «repugnante». Informada de dicha visión, la mujer mostró cierta sorpresa, ya que las cartas de su hijo,

que estudiaba en un internado británico, hablaban de lo bien que le trataban en la escuela y del cariño que allí recibía. Al cabo de poco tiempo, según el relato de Montague, ella misma localizó el internado y liberó al muchacho de las garras del abusivo director de la escuela. Montague continuó sus lecturas hasta que murió en Londres, durante la Segunda Guerra Mundial, víctima de un ataque aéreo, sin haber podido, al parecer, predecir su trágico final.

Nell Montague y otros lectores de la bola de cristal de su época inspiraron a muchos aficionados, que se vieron además alentados cuando el famoso ocultista británico Frederic W. H. Myers afirmó, a finales del siglo XIX, que una de cada veinte personas tenía capacidades cristalománticas. Y los libros que se publicaron en esos años se basaban en las fuentes tradicionales a la hora de describir las técnicas adecuadas para leer la bola de cristal.

El opúsculo *Crystal Gazing and Clairvoyance*, publicado en 1896 por John Melville, recomendaba un elaborado ritual que requería una igualmente sofisticada parafernalia, como un soporte de marfil o ébano para la bola, con inscripciones en oro de palabras mágicas. En un estilo auténticamente victoriano, Melville insistía que el cristalomanta debía consagrar todos sus instrumentos y repetir una larga y piadosa invocación cristiana. También divulgó una severa advertencia a los practicantes con malas intenciones: «Cuando utilice el cristal... tarde o temprano *reaccionará con un efecto terrible* contra el vidente.»

Los lectores de la bola de cristal actuales son menos ceremoniosos y temerosos que Melville, pero sus recomendaciones para que la lectura tenga éxito siguen siendo muy complejas. Según un autor, la bola tiene que ser redonda u ovalada y de unos 10 cm de diámetro. Es preferible el cristal natural, aunque el vidrio es más barato y también se puede utilizar.

La bola debe guardarse en la oscuridad y siempre en el mismo lugar, para evitar cambios bruscos de temperatura e influencias indeseadas. Ha de estar limpia y sin rayas que puedan distraer la atención del observador. Una técnica de limpieza muy antigua consiste en hervirla durante quince minutos en una mezcla de agua y brandy en proporción de cinco a uno y luego secarla con un trozo de gamuza. Según otro autor, días antes de la lectura de la bola, el vidente deberá purificar sus pensamientos con actitudes positivas, el cuerpo con baños frecuentes y el interior de éste con una dieta sana.

Para la lectura, la habitación ha de estar débilmente iluminada. Alrededor de la bola hay que poner una tela oscura y tupida, como el terciopelo, para evitar los reflejos que puedan distraer la atención, y debe mirarse desde una distancia de unos 30 cm. Algunos expertos recomiendan pasar las manos por encima de la bola para aumentar su poder y sensibilidad. Otros sugieren que hay que mirar la bola y al mismo tiempo el interior de ésta a fin de eludir temporalmente la visión normal e inducir la llamada visión interior.

Al cabo de unos cinco minutos, si el vidente tiene éxito, se dice que la bola se vuelve opaca y lechosa, como si unas nubes estuvieran pasando dentro de ella. Cuando las nubes se dispersan, pueden aparecer imágenes. Se presentan como una sola imagen estática, como una diapositiva, o en movimiento, como si de una película se tratara.

Si no aparecen imágenes, es posible leer presagios en las nubes. Según Melville, cuyas interpretaciones siguen siendo ampliamente aceptadas, las blancas significan sí o buenas noticias, mientras que las negras indican, por supuesto, todo lo contrario. Los colores brillantes como el rojo y el amarillo denotan sorpresas desagradables, mientras que el verde y el azul presagian alegrías inminentes.

Se dice que las imágenes sólidas que aparecen en la bola de cristal son más difíciles de interpretar objetivamente, ya que tiene significados distintos para cada persona. Así, un avión puede significar un viaje o el deseo inconsciente de escapar de una situación incómoda.

Muchos practicantes creen que la bola en sí no es un telescopio para ver lo desconocido sino que se trata de un medio de concentrar la atención y desarrollar una habilidad innata. Tal como explicó la señora Angus, una cristalomanta de finales del siglo XIX, «en el momento en que llega la visión, la *bola* parece desaparecer, por eso me resulta difícil decir si en realidad veo las imágenes *en* el cristal.»

Mientras que los ocultistas afirman que la bola de cristal ayuda a los que la utilizan a aprovechar poderes paranormales, la teoría psicológica ofrece otra explicación de esta práctica y sugiere que es una forma de recuperación y proyección de conocimiento escondido en el subconsciente. La experiencia siguiente, narrada por la médium británica Ada Goordrich-Freer, parece confirmar esta tesis. «El cristal no tiene nada más atractivo que mostrarme que la combinación 7694, escribió acerca de una de sus sesiones. Dejé la bola y tomé mi libro de contabilidad, que no había mirado durante meses, y encontré, para mi sorpresa, que el número de la cubierta era el 7649.»

De manera parecida, muchos niños y algunos adultos manifiestan una habilidad llamada imaginación eidética, o capacidad de mirar un objeto o escena y después proyectarlo mentalmente en una pared o pantalla. Esto puede explicar por qué en las culturas antiguas se utilizaba muy a menudo a los niños como videntes. Las imágenes que veían en el agua o en un espejo eran, tal vez, proyecciones de imágenes de su memoria o su imaginación.

En los últimos años, los cristales y las gemas han ganado una considerable reputación como objetos místicos, presuntamente utilizados para la meditación y para curar enferme-

# El mensaje del péndulo

La antigua práctica de la adivinación con el péndulo vuelve a ser muy popular. Algunos místicos actuales creen que el movimiento oscilante del péndulo como respuesta a la gravedad, y quizá también a fuerzas más misteriosas, puede revelar verdades interiores y predecir el futuro.

Un péndulo es cualquier objeto suspendido de manera que pueda moverse libremente. El peso, llamado plomada, puede hacerse con cualquier objeto, aunque algunos entusiastas del péndulo prefieran un cristal de cuarzo, ya que se cree que dichos cristales son llaves para abrir potenciales psíquicos.

Para hacer un péndulo, ponga un peso en el extremo de un hilo, cordel o cadena ligera. No hay requisitos especiales acerca de la longitud el hilo o el peso de la plomada, pero el péndulo debe oscilar fácilmente y ha de sujetarse con comodidad.

Los especialistas afirman que el péndulo tiene numerosas aplicaciones. Se cree que puede ayudar a diagnosticar enfermedades, encontrar agua, tesoros o incluso personas perdidas. Sin embargo, y para una adivinación de tipo más general, la forma más divulgada de utilizar el péndulo es la siguiente: Sujételo completamente inmóvil y concéntrese en una pregunta que pueda ser contestada con un sí o un no. Teóricamente, el péndulo se moverá para dar la respuesta, impulsado por cierta fuente de verdad misteriosa. Si gira en el sentido de las agujas del reloj, la respuesta será sí, si gira en dirección opuesta, será no.

La persona que experimente con el péndulo debe saber que el más ligero movimiento en el extremo de la cuerda será grandemente amplificado por el peso. Los escépticos han observado que el movimiento del péndulo no es más que la amplificación del movimiento muscular de quien lo sostiene. En otras palabras, el deseo subconsciente de obtener una respuesta concreta puede impulsar un ligero e inadvertido tirón que propiciará la respuesta deseada.

dades, así como para las prácticas adivinatorias. Ursula Markham, una médium británica, ha desarrollado su propio sistema de «gemología» mediante la utilización de muchas piedras semipreciosas en vez de la bola de cristal típica.

Para la adivinación, Markham sugiere reunir una amplia gama de piedras, al menos cuarenta, como la labradorita, que significa un lugar en el extranjero, la pirita de hierro, que denota decepción o recelo, la ágata púrpura, emblema de sensibilidad emocional, el jaspe verde, que indica amor no correspondido y, la más importante tal vez, la aguamarina, que advierte que el cliente es una persona fría y lógica que duda de la validez de la lectura de los cristales.

Para sus lecturas, Markham se sienta frente al consultante con su colección de gemas en una bandeja forrada de terciopelo situada entre ambos. El consultante elige nueve piedras y Markham lee los pronósticos según las piedras escogidas y el orden de la elección. Por ejemplo, un ojo de tigre (que significa independencia), seguido de una ágata (que significa cambio de empleo) puede significar que el consultante esté tal vez pensando en establecerse por su cuenta.

Los adivinos como Ursula Markham rara vez pueden aportar pruebas de que su técnica funciona. En el análisis final, la eficacia de la lectura de las gemas, la de las hojas de té y la cristalomancia ha de basarse en la fe. Un consultante que cree que una determinada forma de adivinación funciona se sentirá inclinado a encontrar pruebas de que así es. Y como señaló una vez Eileen Garrett, una mujer que afirmaba tener unas capacidades psíquicas notables, muchos adivinadores y otros médiums, si no llegan a más, al menos dedican su tiempo a escuchar a sus clientes, cosa que a menudo no hacen los médicos, los sacerdotes o los consejeros profesionales.

Sin embargo, divulgó una escéptica y preventiva nota: «El hombre moderno, al igual que sus ancestros primitivos, sigue rindiendo homenaje al adivino que puede ofrecer un mundo más tranquilizador y un futuro más brillante. Y me temo que los lectores de la bola de cristal pueden ofrecer lo mismo, tanto si el futuro brillante está ahí como si no lo está... Las luces están bajas, el precio es alto; la atmósfera es opaca y el futuro es brillante. Pero ese futuro depende de lo que ustedes hagan y no del deslumbrante cristal.»

Por otro lado, la tradición de interpretar signos naturales, como la observación de la conducta de los pájaros o la forma de las nubes, puede aportar información científicamente válida. Pocas personas niegan en la actualidad que los animales, las plantas y la atmósfera forman una entidad ecológica interrelacionada, en la que una parte puede dar claves sobre el todo. Y los antiguos, que vivían mucho más cerca de la tierra que los hombres modernos, aprendieron mucho sobre la naturaleza, un conocimiento que ahora consideramos parte del folklore.

En cualquier caso, seguimos mostrando un fuerte deseo por todo tipo de adivinación. Ya no inspeccionamos entrañas de animales para descifrar claves de lo que está por venir, pero muchos de nosotros consultamos a cristalomantas, nos dejamos caer por las salas de té de los gitanos y estamos pendientes de las predicciones del tiempo. Al igual que todos los mortales desde la aparición de la humanidad, el futuro nos inquieta y buscamos señales de esperanza para que vengan cosas buenas y para que las malas no se crucen en nuestro camino.

# El destino en la palma de la mano

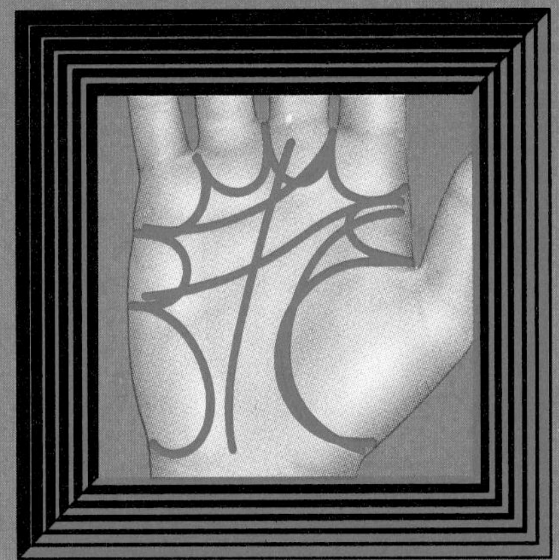

**D**esde hace miles de años, en las distintas culturas, la gente ha creído que el destino de una persona está en las manos, que cada palma, desde el momento del nacimiento, contiene su red única de montañas y valles, líneas y marcas, la clave del potencial de la vida. También se dice que, a medida que la persona madura, los acontecimientos importantes de su vida se verán reflejados en la palma de la mano. Pero estas marcas del pasado y estas guías para el futuro no son descifrables para todos, sólo para unos pocos, los que supuestamente adivinan el curso de la vida mediante la lectura de la palma de la mano.

La quiromancia ha cambiado muy poco con el paso de los siglos. Sus defensores afirman que permite a las personas conocerse mejor a sí mismas. Puede también revelar fortalezas y debilidades del carácter, un conocimiento muy útil para afrontar los retos de la vida, y proporcionar claves sobre cómo la naturaleza de una persona puede afectar a su salud, su profesión y sus relaciones. Pero, por encima de todo, el análisis de la mano permite a las personas a tomar decisiones que les aportarán felicidad y autorrealización.

En una lectura, los palmistas comparan la mano derecha y la mano izquierda del consultante. Las líneas y la forma general de la llamada mano pasiva refleja el potencial innato del consultante, mientras que los de la mano dominante, normalmente la que utilizamos para escribir, revela las decisiones que ha tomado el individuo y lo que le espera. El palmista, a partir del estudio de la forma de la mano y las líneas de la palma, discierne un estilo de vida, una serie de tendencias o acontecimientos determinados que puedan ocurrir. En las páginas siguientes examinaremos algunos de los rasgos a partir de los cuales los palmistas recaban su información.

# La observación de la mano

En la quiromancia, el análisis de la personalidad se basa en el aspecto de toda la mano. Entre los diversos factores que se tomarán en cuenta, la forma de la mano es especialmente importante. Según los practicantes de este arte, las manos pueden ser de cuatro tipos y cada uno de ellos se corresponde con los cuatro elementos tradicionales de la naturaleza: aire, tierra, agua y fuego. La clasificación se basa en la forma de la palma y la longitud de los dedos en relación a ella. Las palmas suelen ser rectangulares o cuadradas, con dedos cor-

tos o largos. Se dice que los dedos son largos cuando el dedo corazón (llamado dedo de Saturno en quiromancia) es tan largo como la misma palma, y cortos si ese dedo es más corto que la longitud de la palma.

Otros factores que contribuyen al aspecto de las manos son la forma de las puntas de los dedos y la colocación y flexibilidad del pulgar (*página opuesta*). Para analizar la forma de su mano, trace su contorno en un papel y luego compare el dibujo con los que aquí mostramos.

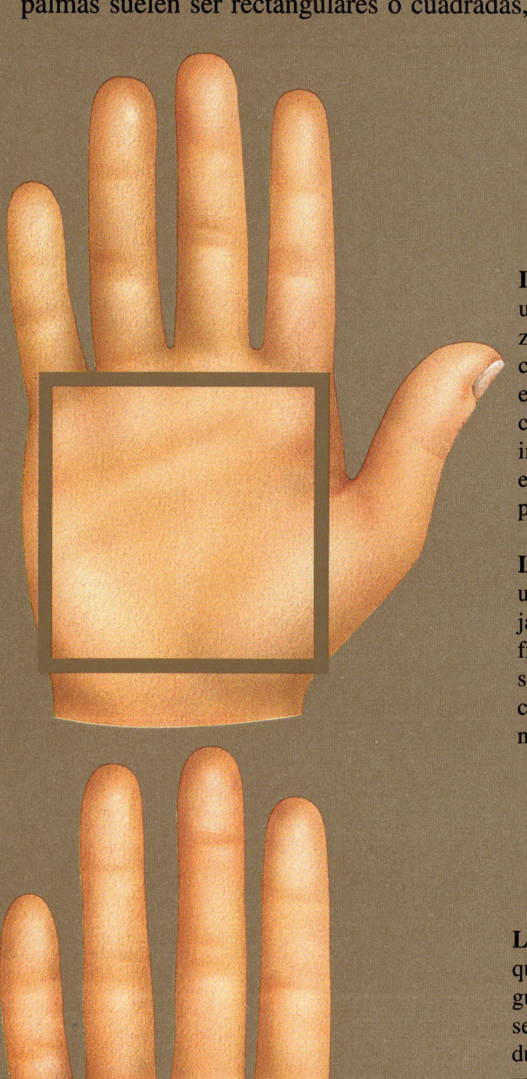

**LA MANO DE AIRE** se caracteriza por unos dedos largos y una palma cuadrada cruzada por muchas líneas finas. Las personas con manos de aire suelen ser expresivas, emocionalmente estables e intelectualmente curiosas. Pueden dedicarse a profesiones que impliquen comunicación, como la literatura o el periodismo, la educación o las relaciones públicas.

**LA MANO DE TIERRA**, caracterizada por una palma cuadrada y los dedos cortos, refleja una personalidad seria y práctica que disfruta con la actividad física. Estos individuos suelen elegir ocupaciones manuales, como la carpintería o la jardinería y los trabajos mecánicos.

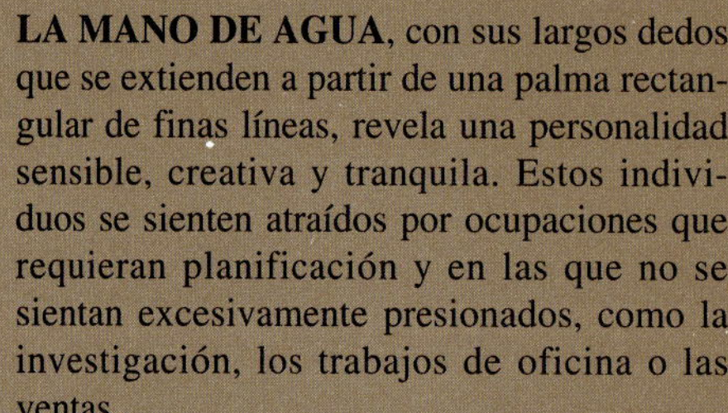

**LA MANO DE AGUA**, con sus largos dedos que se extienden a partir de una palma rectangular de finas líneas, revela una personalidad sensible, creativa y tranquila. Estos individuos se sienten atraídos por ocupaciones que requieran planificación y en las que no se sientan excesivamente presionados, como la investigación, los trabajos de oficina o las ventas.

**LA MANO DE FUEGO** se distingue por sus dedos cortos y una palma rectangular llena de líneas muy marcadas, y denota una personalidad enérgica e impulsiva. Los individuos con manos de fuego sienten atracción por ocupaciones que impliquen riesgo, desafíos y creatividad, como la medicina, la abogacía o las artes.

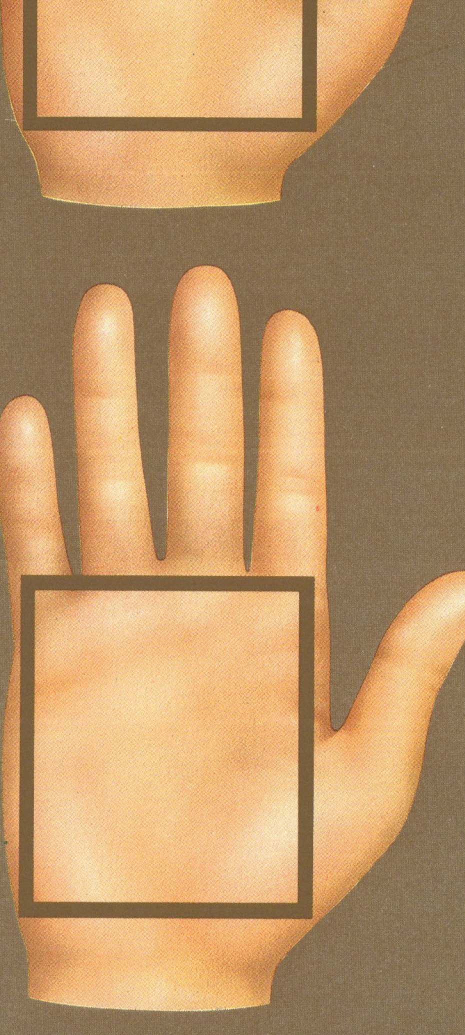

# Las puntas de los dedos

Los palmistas afirman que la forma de las puntas de los dedos proporcionan una información adicional sobre el carácter de la persona. Las puntas de los dedos son de cuatro tipos: cónicas, redondas, cuadradas o espatuladas.

Las puntas cónicas, en forma de huso, indican una naturaleza sensible e impulsiva, así como amor por el arte y la belleza. El individuo puede ser también muy intuitivo, confiando más en ese don que en el razonamiento.

Las puntas redondas denotan una disposición bien equilibrada. Se trata de individuos que se adaptan fácilmente a los cambios, son receptivos a las ideas nuevas y reaccionan ante las situaciones con la misma dosis de razonamiento mental y emocional.

Las personas con las puntas de los dedos cuadradas se basan en el orden y la regularidad y se expresan con claridad y confianza. Desean seguridad y estabilidad para sí mismos y para quienes los rodean.

Los dedos que son estrechos en la primera falange y que luego se ensanchan son conocidos como espatulados. Las personas que tienen estas puntas espatuladas son independientes, enérgicas y entusiastas. Buscan acción en todas las esferas de sus vidas, incluidas sus lecturas. Estas personalidades prácticas suelen ser amigos auténticos y leales.

Los palmistas observan que algunos tipos de puntas de los dedos están relacionados con determinadas formas de mano. Las personas con manos de agua, por ejemplo, poseen muy a menudo puntas cónicas, mientras que las puntas cuadradas se encuentran habitualmente en los individuos con manos de aire.

La mezcla de uno o más tipos de puntas de los dedos en la mano de una persona es también un hecho frecuente. Estas manos, llamadas mixtas, sugieren una persona versátil, que se adapta con facilidad a las situaciones nuevas y que puede destacar en una amplia gama de profesiones.

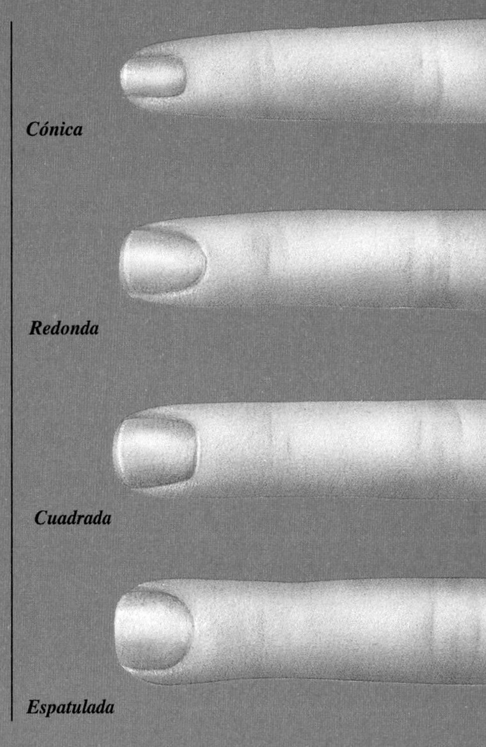


# Lo que nos revela el pulgar

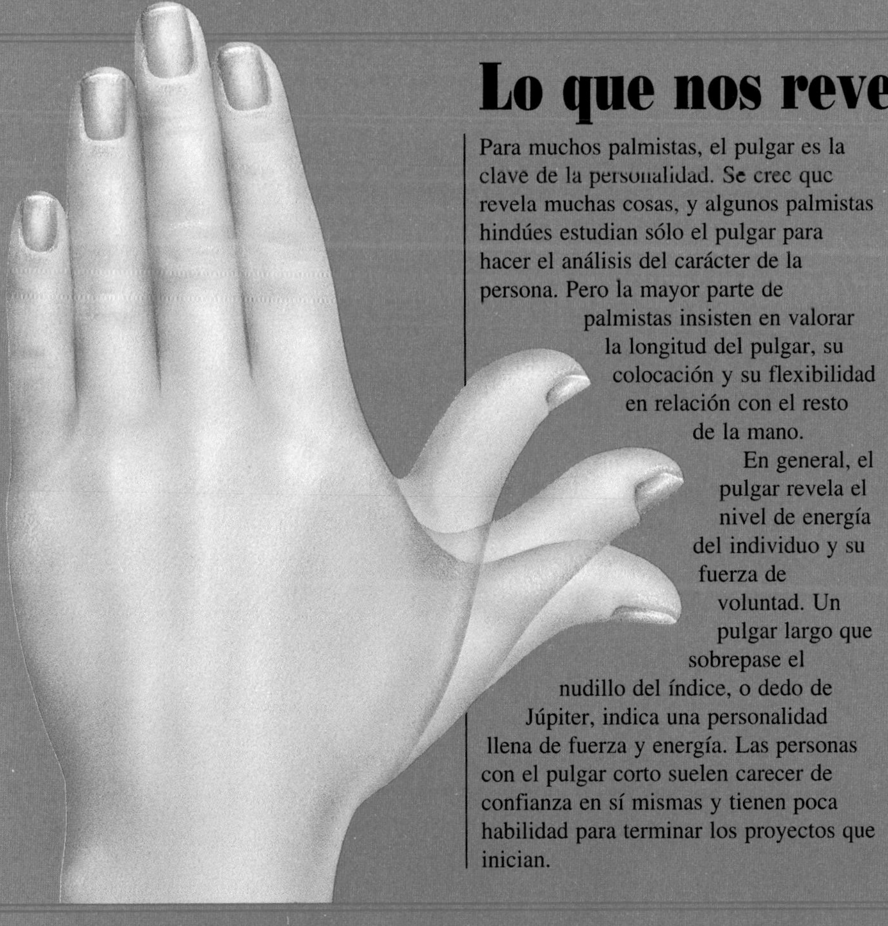

Para muchos palmistas, el pulgar es la clave de la personalidad. Se cree que revela muchas cosas, y algunos palmistas hindúes estudian sólo el pulgar para hacer el análisis del carácter de la persona. Pero la mayor parte de palmistas insisten en valorar la longitud del pulgar, su colocación y su flexibilidad en relación con el resto de la mano.

En general, el pulgar revela el nivel de energía del individuo y su fuerza de voluntad. Un pulgar largo que sobrepase el nudillo del índice, o dedo de Júpiter, indica una personalidad llena de fuerza y energía. Las personas con el pulgar corto suelen carecer de confianza en sí mismas y tienen poca habilidad para terminar los proyectos que inician.

El significado del pulgar se ve también afectado por su colocación en la mano. Un pulgar bajo, el que forma un ángulo de entre 60 y 90 grados con el índice, revela una personalidad flexible, independiente, lógica y bien dirigida. El individuo con un pulgar alto, el que forma un ángulo de 30 grados o menos con el índice, suele ser tenso y reservado. En la punta del pulgar encontramos otra indicación de la fuerza del ego. Si la punta es flexible, y se dobla hacia atrás con facilidad por la primera falange, la persona se adaptable y generosa. Si el pulgar es extremadamente flexible, el individuo puede ser extravagante o mostrar tendencia al desenfreno. Un pulgar que cuando es presionado sólo se dobla ligeramente suele indicar una personalidad práctica, liberal y con una gran fuerza de voluntad. La persona que posee un pulgar rígido puede ser terca y poco receptiva a las ideas nuevas. Sin embargo, estos individuos son muy estables, responsables y dignos de confianza.

# El significado de los montes

Las lecturas más completas realizadas por palmistas profesionales incluyen un análisis de los montes, esas almohadillas carnosas que se encuentran en la base de cada dedo y en los bordes de la mano. Cuanto más grande sea el monte y más centrado esté bajo su dedo correspondiente, mayor será su influencia en la personalidad. Estas prominencias se consideran montes fuertes o muy desarrollados, mientras que los planos o poco abultados se consideran normales o bien desarrollados. Una depresión en la palma, en vez de una almohadilla carnosa, consitutye un monte débil.

**EL MONTE DE SATURNO.** En la base del dedo anular o de Saturno, este monte rige el aspecto introspectivo de la personalidad. Un monte de Saturno bien desarrollado revela una naturaleza independiente, una persona que disfruta tanto la soledad como la compañía. También indica conocimiento de uno mismo, equilibrio emocional, fidelidad y prudencia.

Un monte muy desarrollado puede denotar una tendencia enfermiza hacia el ensimismamiento. Y la ausencia del monte de Saturno revela indecisión, tendencias pesimistas y un escaso sentido del humor.

**EL MONTE DE APOLO.** Este monte, situado en la base del dedo anular o de Apolo, rige todas las formas de creatividad. Un monte bien desarrollado revela importantes habilidades artísticas y amor por la belleza. Este talento no se refiere sólo a las bellas artes sino que puede abarcar también el arte culinario y otras formas de expresión. Un monte de Apolo prominente suele significar tendencias a la extravagancia, materialismo, vanidad y desenfreno. Un monte poco desarrollado indica poca energía física, falta de valores estéticos y desprecio por las actividades creativas.

**EL MONTE DE JÚPITER.** En la base del dedo índice, el monte de Júpiter revela el grado de autoconfianza del individuo, su sentido social y sus dotes de liderazgo. Si el monte está bien desarrollado indica una medida sana de agresividad y ambición así como un temperamento estable, generosidad y confianza en uno mismo.

Un monte de Júpiter excesivamente desarrollado puede indicar vanidad, narcisismo y una actitud arrogante. Sin embargo, si este monte prominente está modificado por otros factores de las líneas y los dedos, puede ser que el individuo se limite a exhibir su fuerte capacidad de liderazgo. Un monte poco desarrollado denota una pobre autoimagen, falta de respeto hacia la autoridad y pereza.

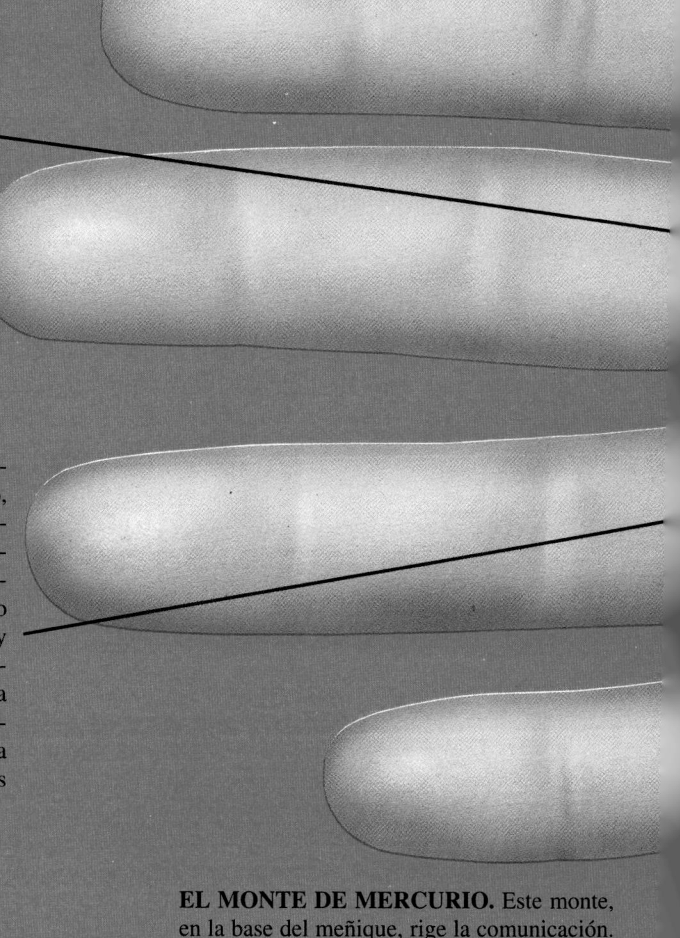

**EL MONTE DE MERCURIO.** Este monte, en la base del meñique, rige la comunicación. Un monte bien desarrollado implica talento para la autoexpresión y una disposición alegre. Un monte excesivamente desarrollado no tienen connotaciones negativas pero si es muy poco prominente suele indicar falta de visión comercial y una comunicación difícil. Si el monte está cruzado por pequeñas líneas rectas denota una naturaleza cariñosa y compasiva.

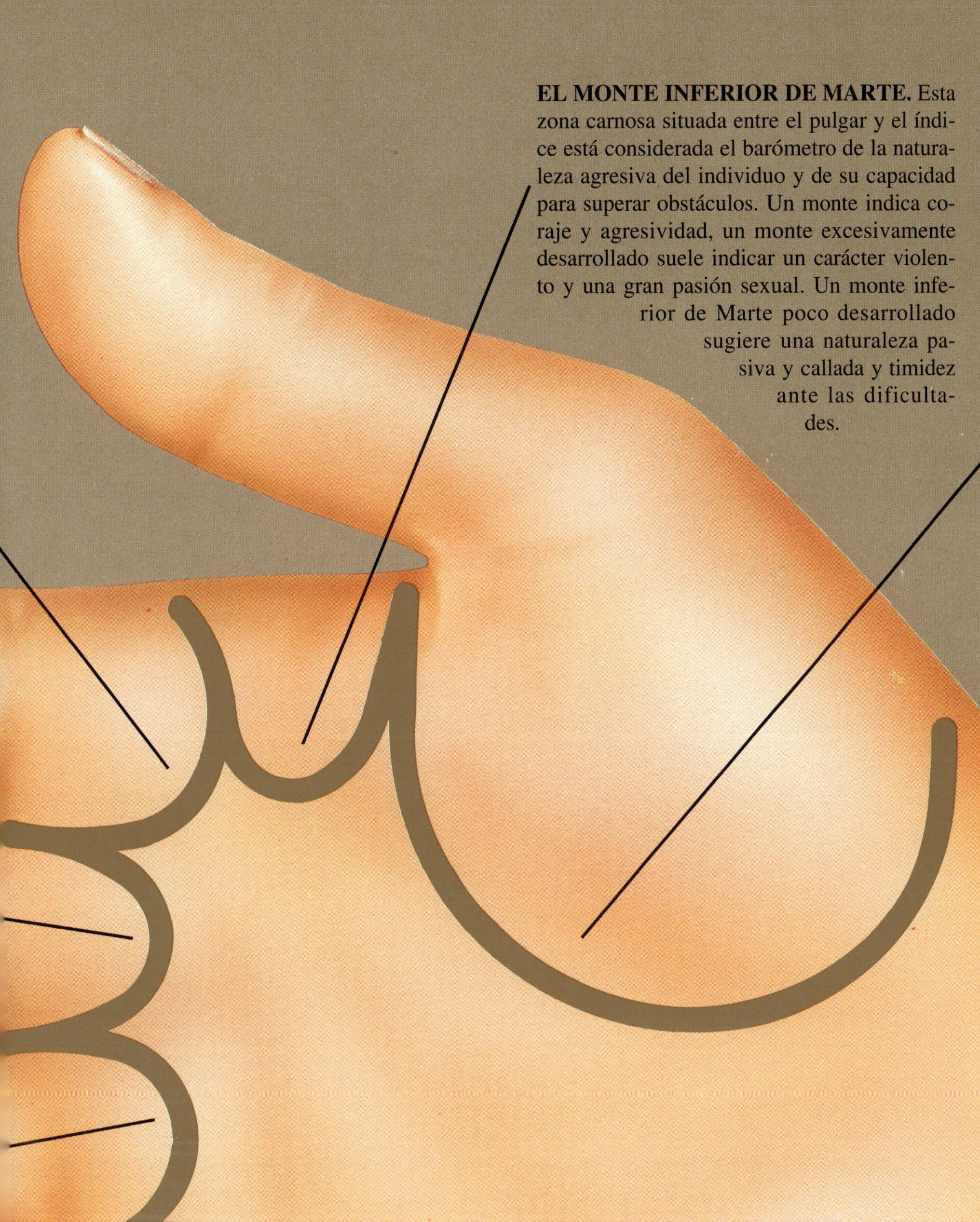

**EL MONTE INFERIOR DE MARTE.** Esta zona carnosa situada entre el pulgar y el índice está considerada el barómetro de la naturaleza agresiva del individuo y de su capacidad para superar obstáculos. Un monte indica coraje y agresividad, un monte excesivamente desarrollado suele indicar un carácter violento y una gran pasión sexual. Un monte inferior de Marte poco desarrollado sugiere una naturaleza pasiva y callada y timidez ante las dificultades.

**EL MONTE DE VENUS.** La almohadilla carnosa de la base del pulgar, el monte Venus, está considerado por algunos la sede las emociones básicas. Se dice que este monte indica la energía física y sexual, el amor por el arte y la belleza y la capacidad de amar y ser amado.

Un monte de Venus firme y redondeado sugiere compasión, sinceridad, calidez y vitalidad, así como afición por las actividades al aire libre. Un monte excesivamente desarrollado, especialmente si la piel que lo cubre es rojiza, revela energía física y pasión sexual, y un gusto sano por la buena mesa. Un individuo con un monte de Venus pequeño puede tener una salud delicada, falta de intensidad y exuberancia y, tal vez, escasa sensibilidad. Con frecuencia, afirman los palmistas, una relación amorosa intensa puede provocar el aumento del tamaño de este monte.

**EL MONTE SUPERIOR DE MARTE.** Situado justo debajo del monte de Mercurio, el monte superior de Marte mide la decisión y resistencia del individuo. Un monte firme y bien formado revela coraje, confianza en uno mismo y una naturaleza algo obstinada. Un monte excesivamente grande puede indicar inflexibilidad y, tal vez, tendencias a la violencia o la crueldad. Un monte débil denota falta de autoafirmación, característica de los individuos que son fácilmente manipulados por los demás.

**EL MONTE DE LA LUNA.** Este monte, situado frente al monte de Venus, y justo por encima de la muñeca, cuando está bien desarrollado sugiere equilibrio entre imaginación y realidad, y deseos de paz y armonía.

Cuanto más desarrollado esté el monte, más intuitiva e imaginativa será la persona. A veces indica también desasosiego. Un monte de la Luna débil denota una personalidad resueltamente realista que rara vez cae en la fantasía.

# El estudio de las líneas

Se dice que la compleja red de líneas que puede observarse en todas las manos es capaz de dirigir el rumbo de nuestras vidas. Los palmistas analizan estas líneas no sólo para reflejar el desarrollo de los rasgos de la personalidad a medida que el individuo madura, sino también para discernir perspectivas de futuro. Y según los expertos, con el arma de este conocimiento, la persona puede afectar a los acontecimientos por venir. Las líneas de la mano están en constante cambio. Hay líneas que, con el tiempo, pueden desaparecer o hacerse más marcadas, mientras que a veces se forman otras nuevas en cuestión de semanas. Los palmistas afirman que modificando la conducta y cambiando de actitudes podemos cambiar nuestras líneas, y por tanto nuestras vidas, para alcanzar nuestro potencial predestinado.

**LA LÍNEA DEL CORAZÓN.** Una línea del corazón ideal, que indique una naturaleza cálida y afectuosa, empieza en el borde de la mano, bajo el dedo de Mercurio, atraviesa la palma y, curvándose ligeramente hacia arriba, termina entre los montes de Júpiter y Saturno. La curva ascendente implica una sexualidad instintiva o física, mientras que una línea del corazón recta sugiere que en el amor el romanticismo es muy importante. Se cree que un final bifurcado o trifurcado indica equilibrio entre emociones, realismo y pasión física.

Si la separación entre las líneas del corazón y la cabeza es ancha es señal de extroversion y de una estilo de vida inconvencional. Si la distancia entre ambas es estrecha suele implicar falta de confianza en uno mismo, dificultad a la hora de expresar sentimientos y una naturaleza reservada. Si la línea del corazón es más larga que la línea de la cabeza, la persona se deja llevar más por las emociones que por la razón.

Una línea del corazón en forma de cadena denota que la persona se enamora fácilmente pero rehúye el compromiso. Los disgustos amorosos están indicados por cortas líneas diagonales que cruzan la línea del corazón. Las pequeñas islas, o puntos donde la línea se divide en dos y luego vuelve a unirse, señalan graves decepciones románticas, como un divorcio, especialmente si están cerca del monte de Júpiter.

**LA LÍNEA DE LA CABEZA.** La línea de la cabeza, que refleja la capacidad y el potencial intelectuales, empieza normalmente bajo el monte de Júpiter y cruza toda la palma. Una línea de la cabeza recta denota una naturaleza analítica, mientras que una línea descendente sugiere creatividad. Un final bifurcado señala equilibrio entre imaginación y realismo. Una línea que recorre al menos dos terceras partes de la palma denota una inteligencia normal y buena capacidad de razonamiento. Una línea más larga revela agudeza de ingenio y una amplia gama de intereses intelectuales. Una separación ancha entre las líneas de la vida y la cabeza en el lugar donde nacen suele reflejar impulsividad e impaciencia. Cuanto más juntas estén estas dos líneas, más vacilante será el individuo.

**LA LÍNEA DE LAS RELACIONES.** En el borde externo de la mano, entre la línea del corazón y la base del dedo de Mercurio, pueden encontrarse una o más líneas horizontales cortas. Llamadas líneas de las relaciones o del matrimonio, indican los compromisos importantes, tanto las amistades profundas como las relaciones íntimas. Cuanto más fuerte sea la línea, más potencial para la unión. Las líneas que denotan relaciones actuales o pasadas están grabadas indeleblemente en la mano, pero las que señalan relaciones futuras pueden cambiar periódicamente. Una línea se vuelve más clara para mostrar sentimientos más profundos, o es posible que aparezcan líneas nuevas. Para saber a qué edad ocurrirá la relación, hay que estudiar la posición de la línea entre la línea de la cabeza y la base del dedo de Mercurio. Un punto intermedio significa que la relación podría darse a los 35 años.

**LA LÍNEA DE LA VIDA.** Indicadora de la disposición, la energía física y el bienestar, la línea de la vida empieza normalmente entre los montes de Júpiter y el inferior de Marte y sigue la curva del monte de Venus. Se cree que un arco abierto alrededor del monte de Venus denota una naturaleza cálida y sensible. Un arco más cerrado, que entre en el monte, sugiere una personalidad inhibida, reservada e insensible. Si la línea de la vida termina describiendo una curva hacia el monte de Venus, se dice que se trata de un individuo casero y amante de las comodidades del hogar. En cambio, si la curva se dirige hacia el monte de la Luna, la persona es inquieta y le gustan los viajes y las aventuras.

La línea de la vida, si es profunda y clara, revela una fuerte constitución física, buena salud y vitalidad. Las islas pueden señalar períodos de enfermedad o de indecisión. A veces, las roturas en la línea se interpetan como enfermedades o accidentes, o como un cambio importante en el estilo de vida del individuo.

Aunque la longitud de la línea de la vida se ha utilizado para predecir la duración de ésta, los palmistas respetables creen que esas predicciones son por completo imposibles e irresponsables. La línea muestra tendencias, dicen, no hechos, y la longitud de la línea de la vida no es ninguna garantía contra las incertezas de la vida.

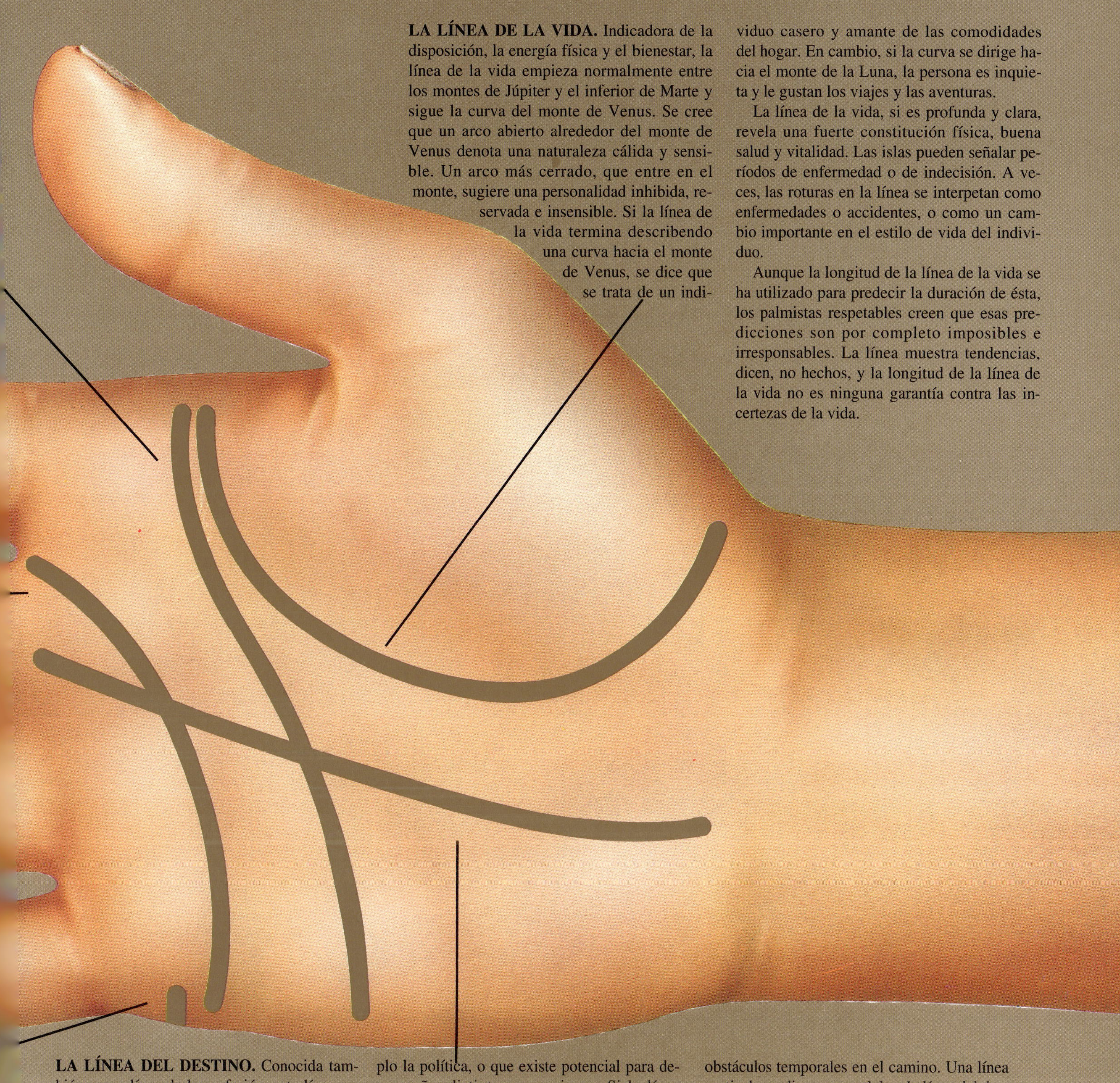

**LA LÍNEA DEL DESTINO.** Conocida también como línea de la profesión, esta línea revela el nivel de satisfacción de la persona con su profesión o cualquier otra tarea que haya elegido realizar. Idealmente, la línea del destino comienza justo encima de la muñeca y sube hacia el monte de Saturno. Por lo general, cuanto más arriba empiece, más tardará la persona en descubrir su verdadera vocación.

Si la línea del destino nace en el monte de la Luna, pronostica una ocupación que depende de las decisiones de otros, como por ejemplo la política, o que existe potencial para desempeñar distintas ocupaciones. Si la línea empieza en el monte de Venus, es posible que la familia juegue un papel importante en la profesión del individuo. Cuanto más contento está el individuo con el camino que ha elegido, más clara será la línea del destino. Una línea débil o fragmentada revela que la persona es inquieta o se siente poco realizada. Las roturas en la línea del destino se interpretan como una laguna en la trayectoria profesional o un cambio de orientación, y las islas suelen significar obstáculos temporales en el camino. Una línea vertical que discurra paralela a la línea del destino puede sugerir una doble ocupación o la existencia de una importante afición.

Se cree que una persona permanecerá en activo toda su vida si posee una línea del destino larga. Si la línea termina al encontrarse con la del corazón, las ambiciones del individuo pueden verse frustradas por las emociones. Si acaba en la línea de la cabeza, es posible que el éxito se vea obstaculizado por alguna forma de error intelectual.

# Unos ejemplos de lecturas

La quiromancia es un arte que se adquiere mediante el estudio y la paciencia, y la observación experta es esencial para una lectura responsable. Durante el análisis de una mano, el palmista respetable examinará los distintos rasgos de los dedos y las manos comentados en las páginas anteriores. Observará también otras muchas marcas de la palma, ya que incluso la estría más sutil puede tener su significado especial. Normalmente, cada elemento se describe por separado y luego se comenta en el contexto general de la mano.

Aunque casi todos los palmistas coinciden en el significado de las marcas principales de la palma, las interpretaciones pueden variar de un lector a otro. En las páginas siguientes presentamos dos manos de hombre y dos de mujer, junto con una breve lectura de cada una de ellas, realizada por el palmista profesional Nathaniel Altman, y basada en las características más destacadas de esas manos.

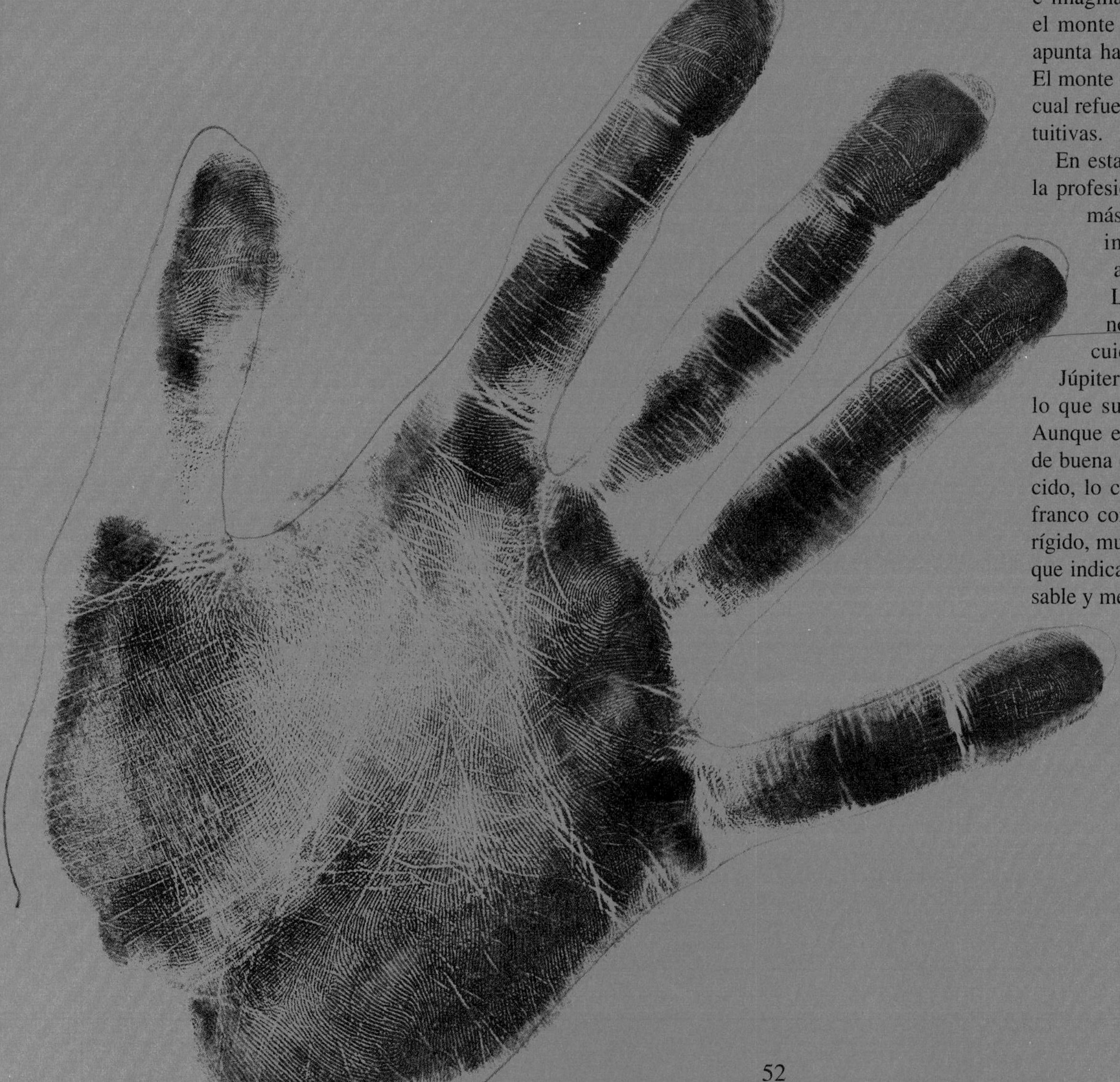

**SENSIBILIDAD EN UNA MANO DE AIRE.** La palma de esta mujer de veintiséis años revela una naturaleza sensitiva. La línea del corazón es muy larga, lo cual indica que se trata de una persona muy sensible y humana. Tiende a enamorarse con facilidad y en sus relaciones con los demás se deja guiar más por el corazón que por la cabeza. Las líneas de la base del dedo de Mercurio señalan tres relaciones importantes, una posiblemente en su primera juventud y las otras dos pueden darse tal vez en el futuro. También puede tratarse de amistades íntimas.

El monte de Venus, grande y firme, denota una alto nivel de energía física y emocional. La línea de la vida está asimismo muy marcada pero tiene algunas superposiciones, lo cual parece indicar que debe prestar más atención a su salud. La línea de la vida se une al principio con la línea de la cabeza, y esto implica una naturaleza muy impresionable. Esto queda corroborado por la gran cantidad de líneas finas que cruzan la palma, una indicación de que la persona es susceptible a padecer estrés.

La bifurcación al final de la línea de la cabeza señala un buen equilibrio entre realismo e imaginación, y la curva descendente hacia el monte de la Luna de uno de los ramales apunta hacia una buena capacidad instintiva. El monte de la Luna está bien desarrollado, lo cual refuerza las tendencias imaginativas e intuitivas.

En esta palma se aprecian varias líneas de la profesión. Esto puede indicar literalmente más de una ocupación, o un hobby muy importante o un trabajo voluntario aparte de la actividad profesional. Los dedos largos, típicos de las manos de aire, muestran capacidad para cuidar los mínimos detalles. El dedo de Júpiter es algo más largo que el de Apolo, lo que sugiere una personalidad dirigente. Aunque el dedo de Mercurio es largo, señal de buena comunicación, está ligeramente torcido, lo cual indica la necesidad de ser más franco con los demás. El pulgar es bastante rígido, muestra de una cierta obstinación aunque indica también que la persona es responsable y merecedora de confianza.

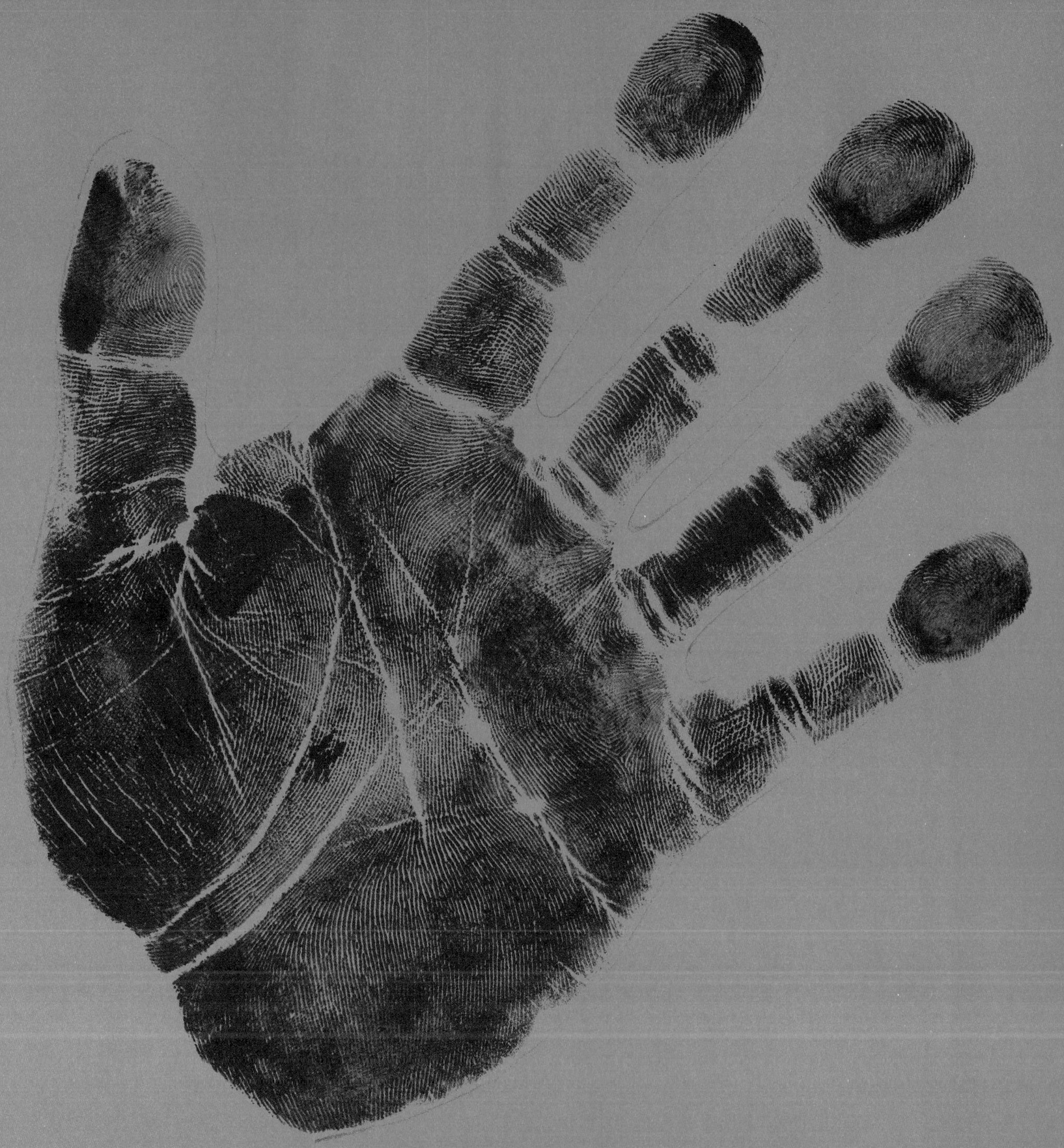

**UNA MANO DE TIERRA SENCILLA Y PRÁCTICA.** La palma cuadrada y los dedos cortos de esta mano de tierra sugieren que a este hombre de veintiocho años le gustan las actividades físicas al aire libre. Las puntas de los dedos redondas señalan un carácter estable, pero la rigidez del pulgar denota una cierta obstinación. La longitud del dedo de Mercurio nos dice que se trata de un hábil comunicador, mientras que el dedo de Júpiter más corto que el de Apolo denota falta de autoestima.

El monte de Venus, en la base del pulgar, es amplio y bien desarrollado, lo cual significa abundante energía física y pasión. El monte de la Luna, grande y bien formado, indica una naturaleza instintiva y protectora, y el fuerte monte superior de Marte sugiere una gran resistencia y coraje. El monte inferior de Marte también es prominente, lo que refleja autoafirmación y temperamento brusco.

Las líneas principales de la palma son profundas y están bien definidas, y no se aprecian líneas cortas y finas. Esto sugiere que la persona contempla el mundo de una manera simplificada, con un enfoque claro y directo, a veces limitado, sin la visión global de una mente filosófica, y una sensibilidad algo pobre. Pero estas características están en parte modificadas por una larga línea del corazón, que revela una naturaleza generosa y amable. Las pequeñas ramificaciones al principio de la línea, bajo el dedo de Mercurio, reflejan sensibilidad, sobre todo durante la juventud.

La línea de la cabeza, fuerte y clara, denota buena capacidad para valorar las situaciones y gran fuerza de voluntad. La línea de la vida no presenta islas ni roturas, lo cual significa buena salud y vitalidad.

La línea del destino, muy marcada, señala satisfacción duradera con la profesión elegida. La bifurcación por encima de la línea de la cabeza indica una ocupación doble, y en realidad, en este caso, este hombre es a la vez mecánico de coches y vendedor de piezas de recambio. Justo debajo del monte de Mercurio hay una larga línea de las relaciones, que refleja su feliz matrimonio. Bajo esta línea, apenas apreciable en esta reproducción, hay la línea de una unión anterior que terminó en divorcio.

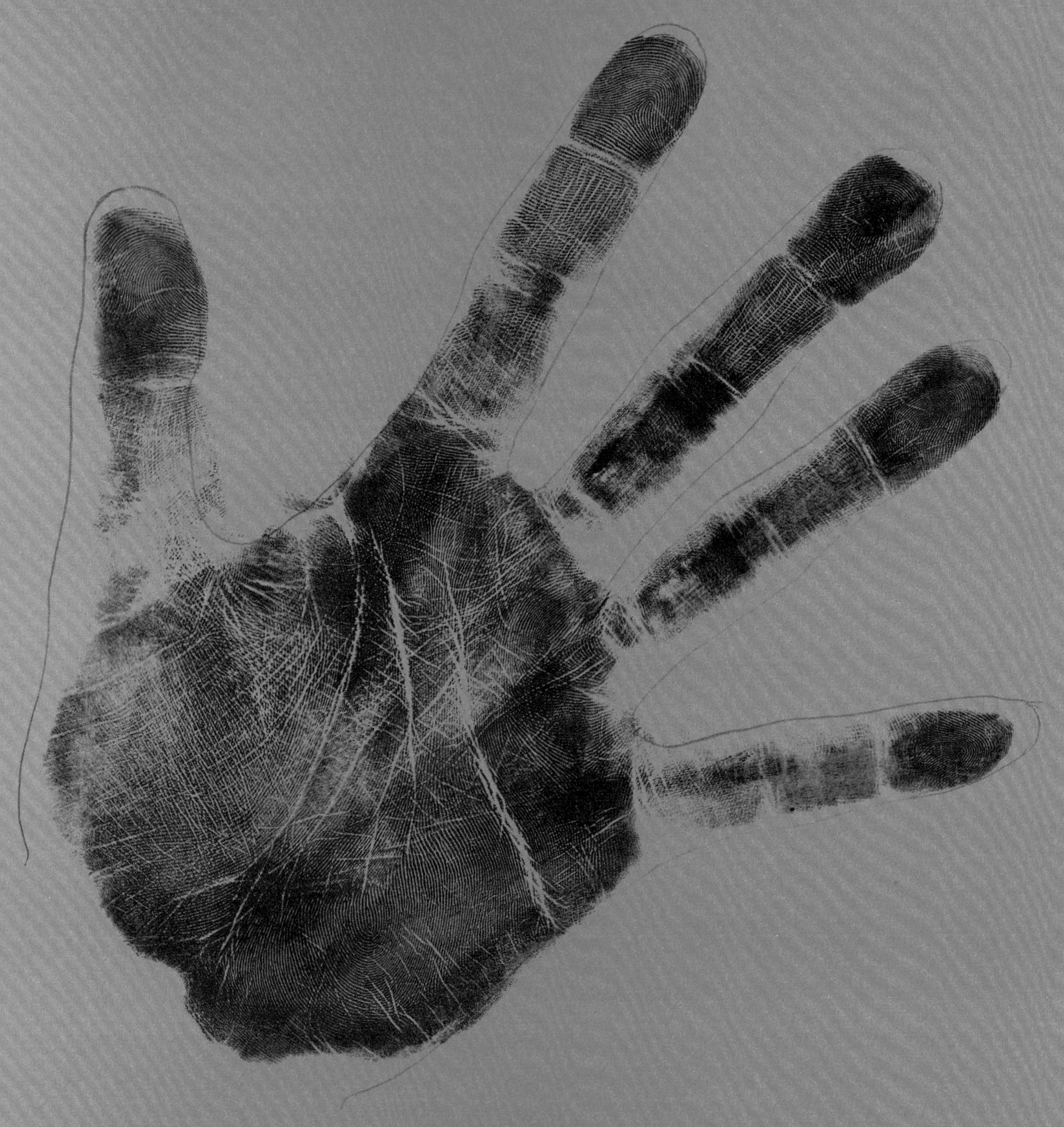

**LA MANO DE AGUA DE UNA ARTIS-TA.** Los dedos largos y delgados y la palma rectangular de esta mujer, una artista de treinta y cinco años, revelan paciencia, atención a los detalles, y la naturaleza intelectual típica de una mano de agua. El dedo de Mercurio es muy puntiagudo, lo cual refleja sensibilidad y amor por el arte y la belleza. Es también muy largo y delgado, indicando buena comunicación, un rasgo acentuado por el buen desarrollo del monte de Mercurio.

La línea de la cabeza está muy marcada y bifurcada en su final, lo cual denota equilibrio entre realismo e imaginación, y su curva descendente hacia el monte de la Luna revela un intelecto creativo. El prominente monte de la Luna sugiere imaginación e instinto, rasgos que se refuerzan por las pequeñas líneas que unen los dos ramales. La capacidad instintiva se ve también en las pequeñas líneas diagonales que parten del monte de la Luna hacia el centro de la palma. La autoconfianza está reflejada por la separación entre las líneas de la cabeza y de la vida, aunque ello indique también impulsividad.

La línea de la vida es bastante larga pero aparecen algunas islas en la edad adulta, lo cual sugiere que habrá que prestar atención a la salud durante esos años. La línea de la vida forma un arco muy abierto alrededor del monte de Venus, indicativo de una naturaleza cálida y sensual.

Cerca del final de la línea hay un ramal dirigido hacia el monte de la Luna, lo cual implica inquietud. Esto coincide con las líneas horizontales que se encuentran en el borde externo de la palma, que indican potencial para viajar.

La línea del corazón, que termina entre los dedos de Júpiter y Saturno, sugiere un carácter generoso y simpático, pero también denotan un buen equilibrio entre razón y emoción. La línea del corazón es ligeramente encadenada, lo cual revela sensibilidad, intensidad emocional y vulnerabilidad.

**EL DINAMISMO DE UNA MANO DE FUEGO.** La naturaleza independiente y enérgica de esta mano de fuego es muy evidente en la palma de este escritor y editor de cincuenta años. El ángulo abierto entre los dedos índice y pulgar revela autoconfianza y optimismo, y el pulgar es muy flexible, lo cual sugiere que se trata de una persona muy generosa. El monte de Venus, que denota exuberancia física y emocional, pasión y capacidad para amar, está bien desarrollado. La piel de la palma es rojiza, lo cual aumenta el nivel de energía general. Además, la línea de la vida es larga y clara, otro indicador de vitalidad y constitución fuerte.

La línea de la vida describe un arco alrededor del monte de Venus, lo cual revela una personalidad cálida y emocionalmente sensible. Con su curva hacia el monte, la línea también sugiere apego a las comodidades del hogar. Estas características están reforzadas por una larga línea del corazón, lo cual denota también un carácter sensible y generoso. La línea del corazón termina bajo el monte de Júpiter e implica que la persona tiene tendencias idealistas y románticas. Como esta línea desciende hasta tocar la de la cabeza, pueden surgir importantes conflictos entre la razón y el corazón. En la base del dedo de Mercurio se aprecia una larga línea que sugiere una relación duradera. Debajo de ella hay otra línea más corta que probablemente indique una relación de este hombre durante su juventud.

La línea de la cabeza es también muy larga, lo que revela una amplia gama de intereses intelectuales y flexibilidad emocional. La curva descendente de la línea hacia el monte de la Luna indica gran imaginación y creatividad.

Este rasgo está compensado por la terminación cuadrada del pulgar, que denota sentido del orden y organización. El dedo de Mercurio es extremadamente largo y recto, lo cual significa honestidad y franqueza en la comunicación. El monte de la Luna, prominente y atravesado por líneas diagonales ascendentes, indica intuición y un cierto poder psíquico.

La incerteza en el ámbito profesional durante la juventud está señalada por una línea del destino más bien débil. Sin embargo, la línea se presenta cada vez más marcada, revelando satisfacción profesional.

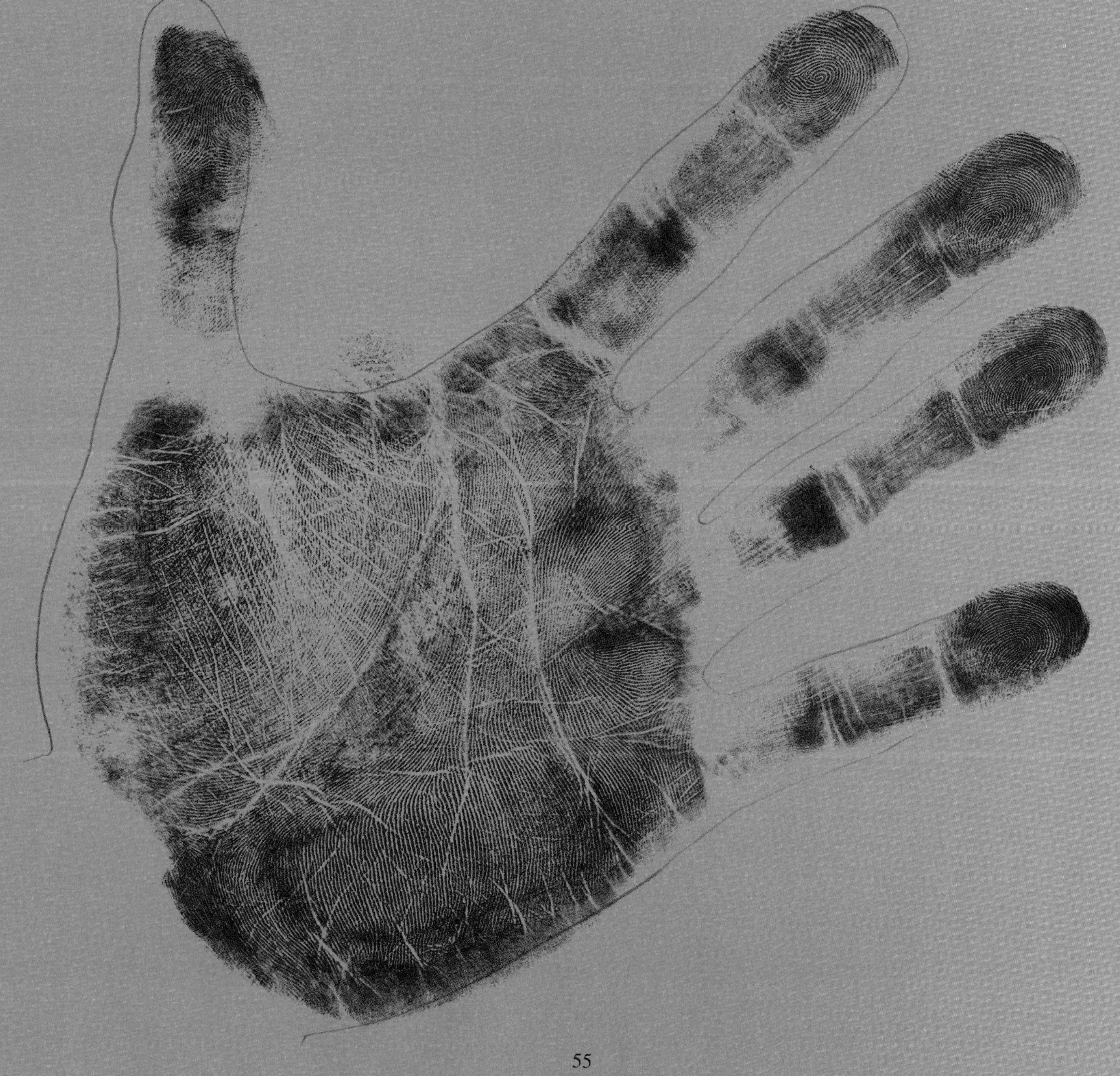

# Los lenguajes corporales

 amuel Clemens era un hombre preocupado mientras recorría las elegantes calles de Londres en 1890. Resultaba difícil saber el origen de sus problemas. Se trataba de uno de los literatos estadounidenses más importantes, famoso en todo el mundo como escritor, humorista y comentarista social. Su presencia en un estrado bastaba para atraer la atención de un público que esperaba sus comentarios mordaces sobre las flaquezas victorianas. Aunque tenía casi sesenta años, todavía gozaba de la vigorosa salud que le había permitido llevar una variada vida como impresor, vaquero, conductor de lanchas en los ríos y perdedor de fortunas.

Pero a pesar de todo ello, Clemens estaba deprimido. Empezaba a notar el peso de los años a medida que se acercaba la sexta década de su vida. Y era del todo consciente de que se había visto obligado a abandonar su tierra natal y vivir en Europa para economizar. Sam Clemens, Mark Twain, estaba casi arruinado.

Este gran novelista había demostrado una vez más que no era un hombre de negocios. La editorial Charles L. Webster & Company, que él había fundado y apoyado económicamente, pasaba dificultades. Otro negocio, de maquinaria de composición tipográfica, también iba mal y el escritor estaba perdiendo miles de dólares.

Clemens había encontrado por fin Bond Street, la dirección que buscaba, y mientras miraba de soslayo la placa de latón de la puerta, sus pensamientos estaban teñidos de ironía. Allí estaba él, uno de los personajes más escépticos y demoledores del mundo, a punto de solicitar los servicios del palmista más famoso del mundo.

«Cheiro» decía la placa de latón. «Horario: de 11 a 18 horas». Era la modesta manera de anunciarse de un hombre que afirmaba tener éxitos casi milagrosos en sus predicciones del futuro de sus famosos y bien situados clientes. Las habitaciones del interior estaban más a tono con dicha reputación: alfombras orientales, suntuosos tapices y lujosos cortinajes. Sobre mesas y estanterías crecían plantas exóticas, en medio de una colección de oscuras sillas victorianas. En una esquina, sobre un pedestal, se alzaba una esfinge.

Samuel Clemens recibió el saludo de un hombre fuerte y atractivo de unos veinticinco años, cuyo acento irlandés aportaba musicalidad a su firme voz. Sin perder demasiado tiempo en prolegómenos, Cheiro tomó las manos de su visitante, observó las palmas y realizó un clarividente análisis del famoso personaje estadounidense, además de una detallada lista de acontecimientos y fechas importantes de su vida.

Clemens estaba impresionado y, si bien no está claro lo que Cheiro le dijo acerca del futuro, si es que le dijo alguna cosa, el autor quedó fascinado y perplejo por la idea de que el palmista podía saber lo que iba a ocurrir. «El pasado deja sus señales, lo admito, dijo Clemens, y se puede hablar del carácter hasta sus formas de expresión más sutiles, todo eso puedo creerlo, pero lo que no entiendo es cómo puede predecirse el futuro.»

Todo está en la mano, dijo Cheiro: La mano revela el conocimiento subconsciente de las personas acerca de sus acciones futuras. Como muestra de ello, le enseñó al escritor las reproducciones de dos manos, pertenecientes a una madre y una hija cuyas vidas, dijo, eran por completo paralelas: enfermedad y matrimonio a la misma edad, el mismo número de hijos, y también se quedaron viudas a la misma edad. Las marcas de sus manos eran casi idénticas.

Clemens quedó hechizado con el palmista. «Tomó notas de varias manos que le mostré, escribió después Cheiro, y examinamos con un microscopio las manos de la madre y la hija cuyos destinos habían sido casi idénticos y vimos que incluso los círculos de las puntas de los dedos eran también prácticamente iguales.»

Mientras pagaba al palmista Clemens sintió que su suerte, y su humor, habían cambiado. «Lo más divertido de todo, afirma Cheiro que dijo el escritor, es que vine aquí esperando perder dinero por culpa de mi estupidez, pero me voy con la idea para una trama gracias a la cual podré recuperar ese dinero.» Luego escribió en el libro de visitantes del palmista: «Cheiro ha revelado mi carácter con humillante exactitud. No debería confesar esa exactitud, pero me siento inclinado a hacerlo.»

Y la suerte financiera del escritor cambió. Una serie de conferencias en Europa le proporcionaron el dinero que necesitaba y los acuerdos sobre los derechos de autor que firmó con los editores le supusieron unos ingresos seguros durante el resto de su vida, aunque ya había escrito sus mejores obras. Algunos de estos derechos de autor iban a llegarle por las ventas del libro *La tragedia de Puddnhead Wilson*, en el que la trama se basaba en la unicidad de las huellas dactilares.

A pesar de su mordaz escepticismo, Samuel Clemens no era inmune al persistente impulso humano de encontrar rápidas respuestas a dos de las preguntas más antiguas que persigue el pensamiento individual. ¿Quién soy? ¿Quién llegaré a ser? Inseguros de sus propios impulsos, confrontados a un futuro desconocido, los humanos siempre han intentado encontrar las claves de la psique interior y de los momentos futuros.

En todas las épocas han existido videntes que han afirmado haberlo conseguido. Pueden utilizar entrañas de pájaros, el destello del cristal o la meditación pura. Pero muchos de estos ocultistas insisten en que la naturaleza y el destino de los humanos puede leerse en sus carnes y sus huesos. Antes, por ejemplo, se creía que el destino de una persona podía determinarse mediante el estudio de su rostro, considerado el atributo más próximo y expresivo de la mente. Otros analistas idearon un sistema para interpretar el significado de la forma del cráneo que, en definitiva, contiene y, en cierto sentido define, la mente.

Estas técnicas ejercieron durante un tiempo una gran influencia, y han dejado una profunda huella en la forma en que valoramos el carácter. Todavía se describe a las personas como «de fuertes mandíbu-

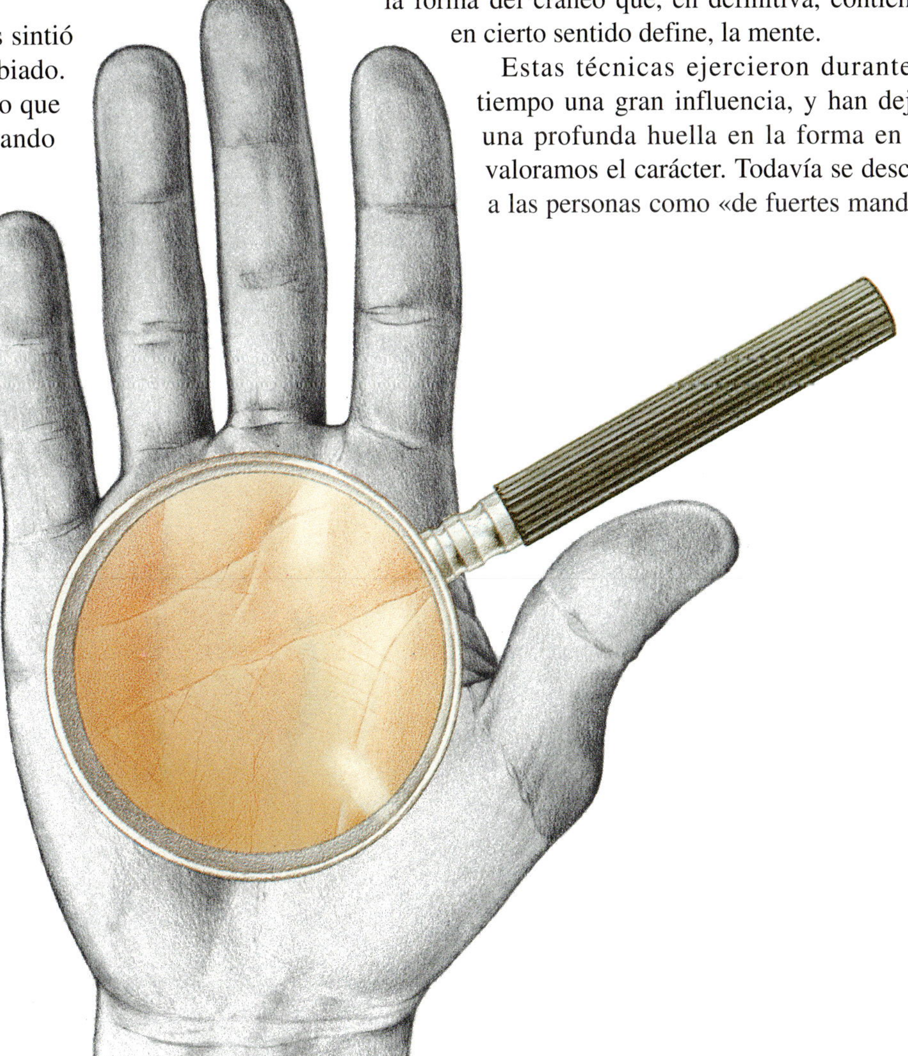

las», «barbillas débiles» o «frentes inteligentes». Pero otros enfoques, vinculados también con el cuerpo humano, aunque con un toque más misterioso y oculto, han sobrevivido más tiempo. Entre ellas está la técnica que tanto intrigó a Samuel Clemens, el arte de recabar información a partir de las líneas de la palma de la mano.

Vivimos en una época escéptica, un momento en que es más fácil burlarse de un palmista que consultar a uno de ellos. Sin embargo, y al igual que nuestros antepasados, no podemos evitar el deseo de buscar una piedra de Roseta que nos revele qué somos y hacia dónde vamos. Nos reímos de los mapas de la cabeza que elaboraron los frenólogos pero leemos ávidamente libros que pretenden interpretar el lenguaje del cuerpo. Es posible que hayamos confinado a los palmistas en pequeñas casas en las zonas de reputación más dudosa de las ciudades, pero a veces solicitamos a los grafólogos, los que afirman conocer las implicaciones secretas de la caligrafía de la persona, que intervengan en una selección de personal para unos puestos de trabajo. Seguramente, Sam Clemens se hubiera reído de todo esto, pero lo habría entendido.


La antigua Grecia, con toda su racionalidad, estaba fascinada con la idea de que las características físicas podían revelar el yo interior. Cuando los eruditos griegos intentaban comprender la naturaleza humana, llegaron a la razonable conclusión de que, ya que las expresiones faciales revelaban lo que la persona estaba pensando, un análisis detallado de los rasgos faciales tenía que revelar tendencias del carácter de la persona. Esta práctica llegó a ser conocida como fisiognomía. Como apéndice a su exhaustiva *Historia de los animales*, el filósofo Aristóteles escribió que las verdades acerca de una persona pueden deducirse observando su parecido con determinados animales. Es probable que los individuos de frente estrecha sean ignorantes, dijo, ya que se parecen a los cerdos; las personas con frentes anchas, como las de los perros, serán aduladoras. Según este esquema, la astucia podría estar indicada por una complexión rojiza, reminiscencia de la sagacidad de los zorros.

Para los médicos de esa época, el rostro era el barómetro de la salud. Hipócrates, el padre de la medicina y autor del juramento que todavía compendia la ética de la profesión médica, utilizaba lecturas faciales para diagnosticar las enfermedades de sus pacientes.

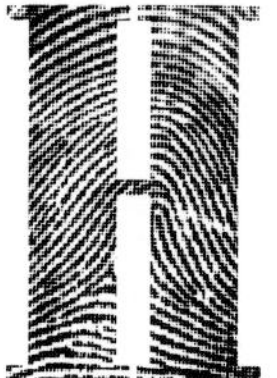

ipócrates desarrolló también una variante de la fisiognomía, llamada moleoscopia, o lectura de los lunares del cuerpo para valorar la personalidad del sujeto y las perspectivas futuras. Según este elaborado sistema de Hipócrates, un lunar entre el codo y la muñeca, por ejemplo, revelaba una naturaleza cariñosa y una disposición plácida, mientras que uno en el hombro izquierdo denotaba una personalidad pendenciera e indisciplinada. Un lunar en el muslo izquierdo presagiaba muchas desgracias en la vida, como pobreza, amigos desleales y encarcelamiento, pero un lunar en el muslo derecho indicaba éxito durante la juventud.

El arte de leer los lunares tuvo adeptos muchos siglos después de la muerte de Hipócrates. En 1670, un inglés llamando Richard Sanders publicó un libro que recogía sus estudios sobre el tema, que le habían revelado las relaciones entre los lunares de la cara y los del cuerpo. Desde entonces poco más se ha dicho sobre esta cuestión, aunque la lectura del rostro humano volvió a gozar una cierta popularidad a mediados del siglo XVIII, en el período conocido como el siglo de las luces.

Este renacimiento fue mal acogido en todas partes. En 1743, por ejemplo, el parlamento británico declaró que los fisiognomistas eran unos vagabundos y unos holgazanes y que por ello serían públicamente condenados. A veces, sin embargo, la fisiognomía, incluso la de carácter muy *amateur*, podía producir resultados asombrosos. Se cuenta, por ejemplo, que en 1770, William Blake, que más tarde sería un renombrado poeta y artista, con trece años, acompañó a su padre a visitar a un grabador. Cuando salieron del taller, el niño dijo: «No me gusta ese hombre». Su padre le preguntó la razón de ello y joven Blake respondió: «Tiene la cara como si estuviera colgado». Doce años más tarde, el hombre fue condenado por falsificar billetes de banco y murió ahorcado. Más tarde, esta historia se contó menos para ilustrar el genio profético de Blake que para confirmar la persistente creencia de que el rostro de una persona, observado adecuadamente, podía revelar la esencia de su carácter y las perspectivas futuras.

La reputación de este método adivinatorio cobró un gran impulso en 1775 con la aparición de la primera edición de *Ensayos sobre fisiognomía*, del pastor protestante y poeta de Zurich Johann Kaspar Lavater. El libro de Lavater superó con creces todos los esfuerzos anteriores de divulgar esta práctica. Por un lado, la calidad de la impresión era excelente, y el libro incluía retratos muy buenos de personas famosas y poderosas de la época. Lo más importante, sin embargo, era el carácter riguroso del enfoque de Lavater. Intentó hacer con la fisiognomía lo que su contemporáneo Carolus Linnaeus había hecho con la botánica: crear un sistema de clasificación que llevara a la formulación de hipótesis y, en última instancia, a leyes científicas.

Tomemos, por ejemplo, el caso de la nariz. «Una nariz hermosa denota un carácter extraordinario, escribió Lavater. Ha de tener una longitud igual a la de la frente. En la parte superior ha de tener una ligera indentación. La punta de la nariz no ha de ser dura ni carnosa. Vista de perfil, la punta de la nariz no ha de medir más de una tercera parte de la longitud total.»

Pero Lavater reconoció que las personas podían elevarse por encima de las deficiencias de carácter indicadas por una nariz defectuosa. Admitió, por ejemplo, que Sócrates fue un gran hombre a pesar de tener una nariz muy fea. Y las aristocráticas narices arqueadas de personajes como Jonathan Swift, César Borgia y Titian, aunque Lavater no podía considerarlas perfectas, indicaban una capacidad de mando y acción que sólo se encuentra en las personas «extraordinarias».

En el siglo de las luces, en todos los frentes, los secretos de la naturaleza eran sometidos a investigación científica, y la pretensión de elevar la fisiognomía de Lavater a la categoría de ciencia parecía que iba a llegar a buen fin. En 1810, el poeta estadounidense Joseph Bartlett escribió: «Si por aquel entonces se hubiera conocido la ciencia de Lavater, / hubiésemos sido felices, nuestro el Paraíso; / Eva hubiera visto el engaño que se escondía en su interior, / hubiera visto al Diablo.... / Entonces éste hubiera sido nuestro Milenio terrenal, / Libres de toda muerte, miseria y pecado.»

Otros no lo tenían tan claro como Bartlett. Lavater tuvo muchos críticos, y algunos de ellos publicaron en el *Gentleman's Magazine* cartas satíricas burlándose de sus comparaciones entre humanos y rostros de animales. A decir verdad, algunos de los escritos de Lavater se perdían más allá de la investigación científica e invitaban a la sátira. Un buen ejemplo de ello era su extravagante exposición sobre el tema de la boca: «Esta parte del cuerpo es tan sagrada que apenas me atrevo a hablar de ella. ¡Qué cosa más admirable! La boca es

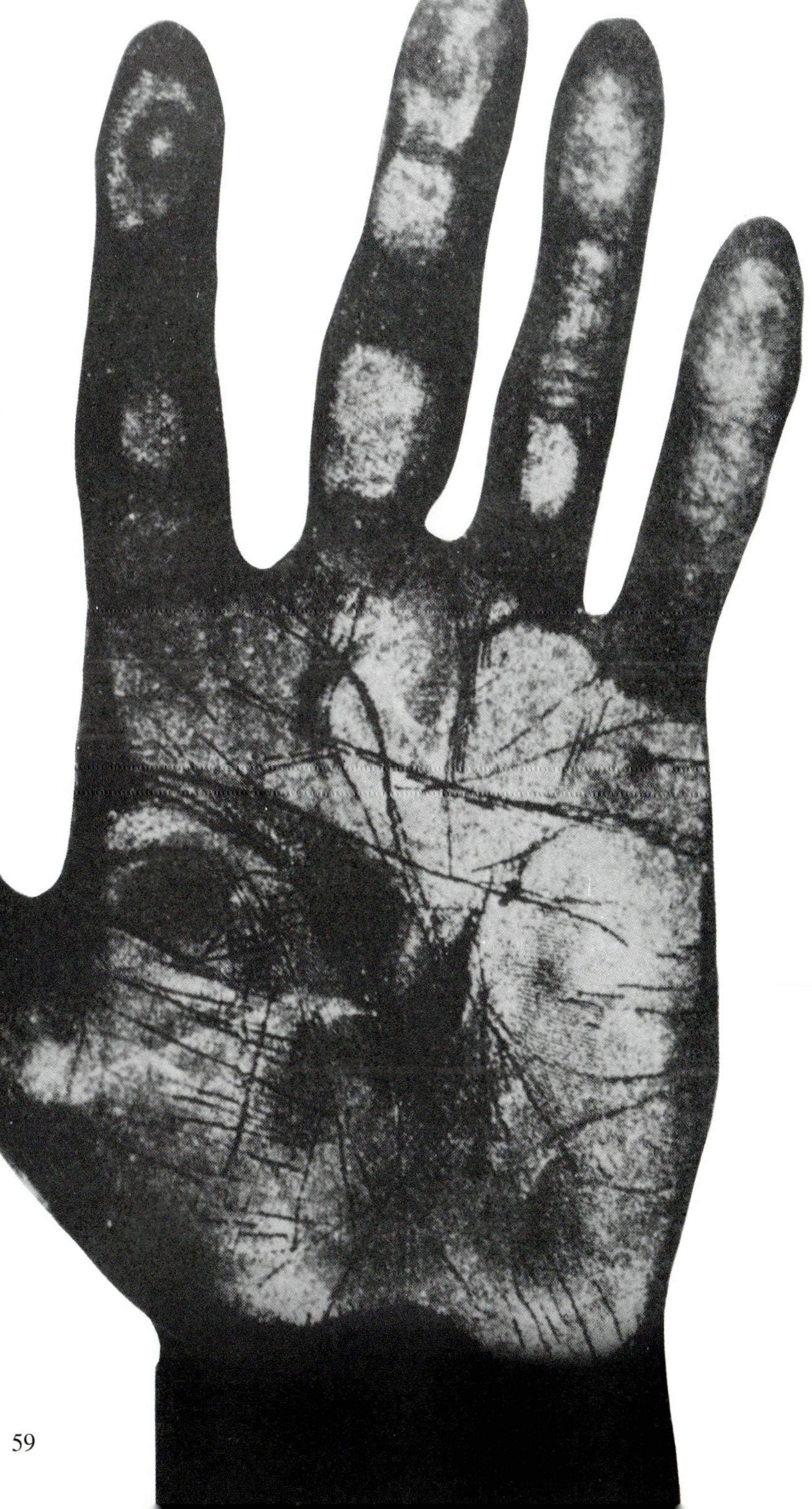

El estudio de los lunares, o moleoscopia, como medio de revelar el carácter y el destino, tuvo su momento más álgido a finales del siglo XVII con la publicación de un tratado del británico Richard Saunders. Incluía los dos grabados que aquí reproducimos. En uno de ellos se mostraba la situación más frecuente de los lunares en el cuerpo (izquierda) y el otro sugiere que sus posiciones en la cara y en el cuello pueden corresponder a las órbitas de los cuerpos celestes (arriba).

la intérprete y el órgano de la mente y del corazón... La mujer cuyos ojos han despertado nuestro amor, nos inspira entusiamo, nos exalta, nos lleva al éxtasis intelectual; pero aquella cuya boca nos fascina, nos ata de inmediato y nos pertenece, al menos en el irresponsable mundo de los deseos. El ojo es el paraíso celeste que no podemos alcanzar; la boca es la tierra con sus perfumes, sus ardores, y la profunda sensualidad de sus cimas.»

No era Lavater el único que se excedía. Un entusiasta posterior llamado Simms examinaba rostros en busca de una cualidad a la que llamaba elevación. A los que detectaba este rasgo advertía que sentirían el deseo de «elevar el cuerpo, montar a caballo, subirse a los árboles, subir a los campanarios de las iglesias, volar en globo, y ascender a los cielos cuando abandonasen esta forma terrena.» El rasgo facial que indicaba estos encumbrados objetivos era para Simms, «una nariz prominente y con la punta hacia arriba.»

Pese a las excéntricas ideas de sus defensores y las consiguientes burlas de sus críticos, la fisiognomía fue ampliamente aceptada y considerada válida. Las personas que necesitaban sirvientes consultaban el libro de Lavater antes de contratarlos; y algunas personas no salían a la calle sin una máscara para evitar que los desconocidos detectaran su verdadro carácter.

La consulta de Lavater era un desfile constante de personajes famosos que querían que les revelasen su verdadera naturaleza y su posible destino. El emperador José II del Sacro Imperio le consultó en 1777, y otros visitantes ilustres fueron el gran duque de Rusia y el príncipe Eduardo de Inglaterra, así como muchos artistas y hombres de ciencia.

Según todas las fuentes de información, Lavater era una persona buena, generosa y inusualmente gentil. El título completo de su libro era *Essays on Physiognomy: Designed to Promote the Knowledge and the Love of Mankind* (Ensayos de fisiognomía: Pensado para promocionar el conocimiento y el amor de la Humanidad). La humanidad, afirmaba, era hermosa en su interior porque había sido creada por Dios; el rostro tenía que ser, por tanto, la prueba externa de esa belleza, se trataba sólo de que las personas supieran qué debían buscar.

Lavater murió en 1801, pero su preciada fisiognomía siguió adelante, ya que durante más de cien años después de su muerte. su libro se reeditó regularmente en Alemania, Francia, Estados Unidos, Holanda, Suiza y el Reino Unido, llegando a un total de 151 ediciones en varias lenguas. Sin embargo, esta presunta ciencia fue perdiendo popularidad. Cada vez más se la consideraba subjetiva, imprecisa y obsoleta. Pero, al mismo tiempo, empezaba a ganar influencia un nuevo sistema para interpretar las claves del carácter y el destino de los humanos.

Hacia 1760, Franz Joseph Gall era un escolar alemán que llegó a la conclusión de que los chicos que tenían buena memoria compartían también otro rasgo, los ojos prominentes. Se dedicó a explorar más este concepto y encontró apoyo para sus ideas en las nociones de fisiognomía habituales de la época. Siguió haciendo observaciones adicionales de sus compañeros de clase y después se matriculó en medicina en la Universidad de Viena.

Pero mientras aprendía los secretos de la anatomía y las enfermedades, la cuestión seguía intrigándole: ¿A qué se deben las capacidades y propensiones que en cada persona son distintas? Pensó que la sede de esas cosas era el cerebro y que diferentes partes de éste regían las distintas capacidades y aspectos de la personalidad.

all decidió que esas funciones eran 37, y que cada una de ellas estaba controlada por su correspondiente zona (u «órgano», como él las llamaba) del cerebro. Si se pudiera leer la topografía del cerebro, pensaba Gall, se podría leer el carácter de la persona y determinar sus valores y debilidades. Creía que el factor determinante tenía que ser el tamaño. Cuanto más grande fuese un órgano determinado del cerebro, mejor desarrolladas estarían las características regidas por ese órgano. Y seguramente, el tamaño del cerebro afectaría a las dimensiones y a la forma del cráneo que lo contiene.

Sometió sus hipótesis a unas amplias verificaciones. En sus visitas a manicomios, prisiones y escuelas, Gall entrevistó a muchas personas y midió sus cabezas, buscando una relación entre la forma del cráneo y ciertos rasgos del carácter. Además, realizó muchas autopsias para confirmar su hipótesis de que los contornos del cráneo correspondían al cerebro

# El rostro como espejo del destino

El antiguo arte de la fisiognomía, la adivinación del carácter y el destino mediante el análisis del rostro, ha vivido momentos de gran popularidad a lo largo de la historia y en todas las zonas del globo. Pero en ningún sitio ha tenido un nivel de importancia tan alto como en China.

Mientras que la fisiognomía moderna es esencialmente una práctica tradicional, los chinos la han estudiado y la han depurado tanto y durante tantos siglos, que se la considera una ciencia auxiliar de la medicina. Los chinos creen que las claves del estado emocional y físico de la persona se pueden leer en la forma y colocación de los rasgos faciales, así como en la textura y coloración de la piel. Además, los fisiognomistas afirman que la estructura facial revela rasgos de la personalidad y señala acontecimientos pasados y los que aún han de presentarse en la vida del individuo.

Los practicantes chinos estudian exhaustivamente textos antiguos sobre el tema, incluidos algunos fragmentos del *I Ching* y muchos de ellos ejercen de aprendices al lado de fisiognomistas más mayores. Aprenden a interpretar cada signo facial según una reglas prescritas. Primero, los fisiognomistas observan la estructura básica del rostro, luego estudian los rasgos en base a su equilibrio y proporción. La forma o el tamaño de los rasgos no es lo que importa, es la unidad en el rostro lo que indica el equilibrio. Y una cara equilibrada sugiere un fuerte carácter y un prometedor futuro.

A partir de estas observaciones iniciales, los fisiognomistas examinan el rostro en profundidad. La fisiognomía se basa en un complejo sistema de más de cien «posiciones» o áreas faciales, y se cree que cada una de ellas revela un aspecto determinado de la personalidad o del destino. Primero, las posiciones se examinan de manera independiente, y luego relacionadas unas con otras. Durante una lectura, el fisiognomista se guía por un cuadro (*pág. 63*) que indica con un número cada posición en el rostro.

Las posiciones fisiognómicas más importantes son las que se hallan en el centro del rostro y las relativas a los ojos, las cejas, la nariz y las orejas. La zona comprendida entre las cejas, por ejemplo, indica la capacidad del individuo para obtener una posición social destacada. Si la separación entre las cejas es grande el individuo tendrá gran vitalidad y poder intelectual. Lo mismo denota una prominencia elevada y carnosa en esa zona, cruzada por profundas líneas verticales.

Las imperfecciones o desfiguraciones en esta zona concreta del rostro sugieren que la persona no tiene capacidad para lograr sus objetivos.

El fisiognomista recaba información de las distintas posiciones faciales, una por una, sopesando y relacionado los resultados de cada una de ellas antes de llegar a las conclusiones definitivas. Si bien la fisiognomía está lejos de ser una ciencia exacta, la práctica ha sobrevivido al paso del tiempo en la cultura china, y los diagnósticos de los fisiognomistas son aceptados con auténtico respeto.

*El fisiognomista de Hong Kong Liang Songzeng examina el rostro de uno de los diez o más clientes que recibe todos los días. Liang, de 74 años, es uno de los cientos de adivinos que practican en las cercanías del templo Wong Tai Sin, un lugar tradicional de culto.*

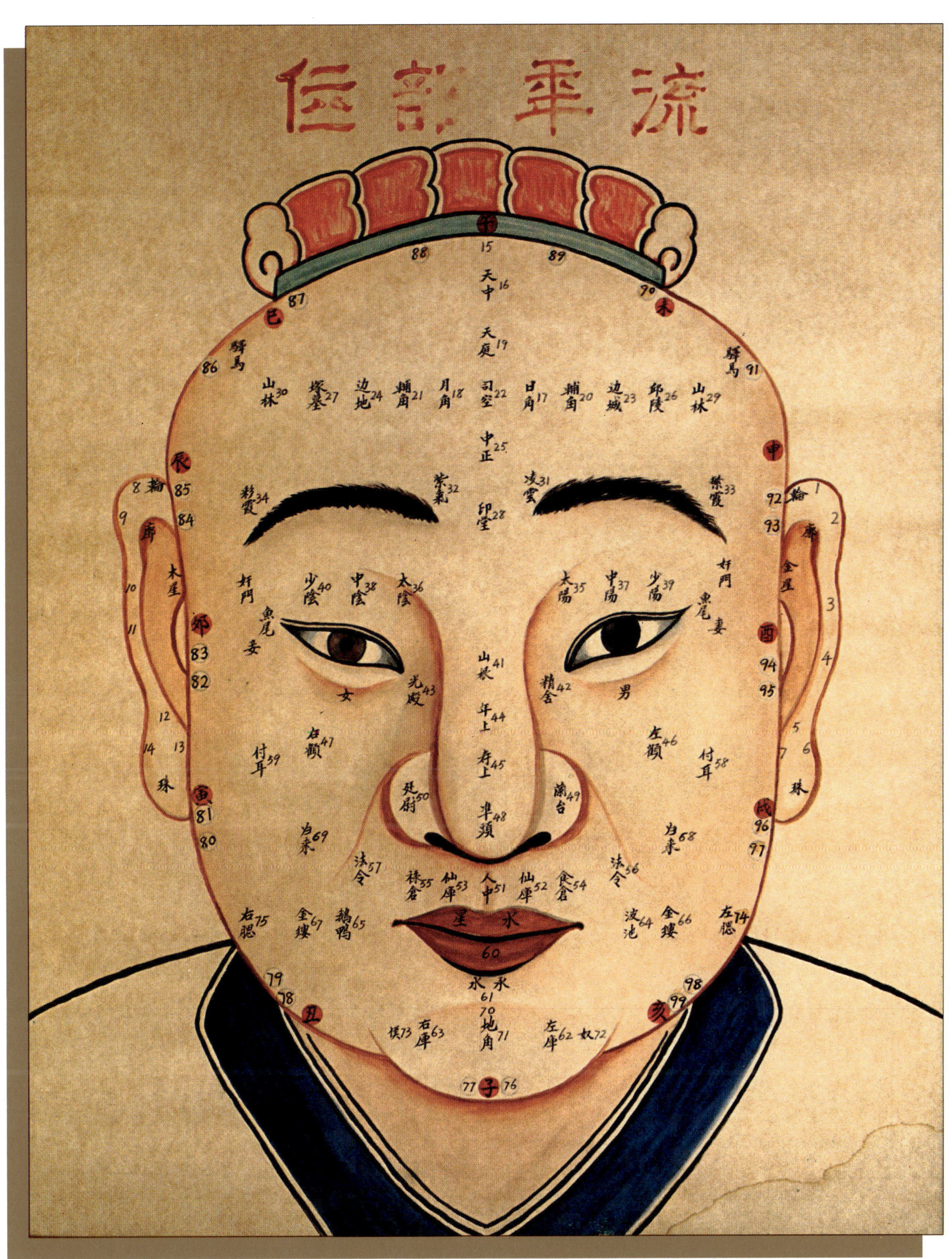

流年部位
天中16
天庭19
司空22
中正25
印堂28
山根41
年上44
壽上45
準頭48
人中51
水星60
地角71
天倉20 輔角 邊城23 邱陵26 山林29
月角18 日角17 紫霞33 凌雲31
驛馬86 驛馬91
山林30 塚墓27 邊地24 輔角21
彩霞34 姦門 魚尾妻
太陽35 中陽37 少陽39
少陰40 中陰38 太陰36
奸門 魚尾妻
光殿43 女
精舍42 男
左顴46 付耳58
付耳59 右顴47
竊尉50
歸來69 歸來68
法令57 法令56
祿倉55 仙庫53 仙庫52 食倉54
金縷67 鵝鴨65 波池64 金縷66
右顋75 左顋
水61 水70
模73 右庫63 左庫62 奴72
子76 77
木星 木星

en él contenido. Los ciudadanos de Viena empezaron a estipular en sus testamentos que sus cabezas fueran protegidas de las sierras y escalpelos del doctor Gall.

Finalmente, en 1796, Gall vio con satisfacción que los hechos apoyaban sus hipótesis y que podrían ser aceptadas como teoría y utilizadas en diagnosis. Empezó a dar una serie de conferencias sobre el tema al cual llamaba organología, y que más tarde sería conocido como frenología, de las palabras griegas «ciencia de la mente». Como resultado de sus exposiciones enseguida tuvo muchos seguidores, entre ellos su colega, el doctor Johann Kaspar Spurzheim, que se convertiría en su ayudante, y también abundantes detractores. Los admiradores de Gall le hacían el cumplido de compararlo favorablemente con el innovador fisiognomista Johann Lavater. En cambio, el gobierno austríaco decretó que las lecturas de Gall eran «subversivas de la religión y la moral» y ordenaron su suspensión. Y como ocurre muy a menudo en esos casos, la prohibición sólo consiguió intensificar el interés por su obra. Después de una gira llena de éxitos que realizaron por Europa, Gall y Spurzheim se instalaron en París, donde siguieron divulgando el credo de la frenología entre el mundo intelectual parisiense que estaba deseoso de saber acerca de esta recién descubierta manera de comprender el carácter humano.

Por aquel entonces, las gentes del todo el continente memorizaban las ubicaciones de lo que Gall identificaba como los órganos de la capacidad de amar, del amor paternal, la constructividad o inclinación a construir, la sedentariedad o preferencia por una residencia fija, etc. Guiadas por Gall, se estudiaban a sí mismas y a los demás buscando pruebas de benevolencia, veneración, firmeza, esperanza, idealismo, codicia, y por encima de todo, la ridiculez. Se creía que la destructividad se hallaba justo encima de las orejas, el orden en

*Para el clérigo suizo Johann Lavater, que intentó elevar la fisiognomía a la categoría de ciencia, la práctica confirmaba el vínculo «entre el hombre interior y el hombre exterior».*

el extremo exterior de los párpados, la autoestima en la coronilla, la firmeza en la zona posterior.

Gall incluyó el mal en su mapa de los órganos del cerebro, y le llamó «atrocidad». Pero Spurzheim llegó a creer que el cerebro era fundamentalmente bueno y que aún podía mejorarse. La organología no debía conformarse sólo con distinguir los rasgos del carácter, pensaba, sino que tenía que trabajar para mejorarlos, y mejorar así el destino de la población y de la sociedad en general. Gall no estuvo de acuerdo, y en 1813 se separaron. Gall se quedó en el continente mientras que Spurzheim, que estaba decidido a cambiar el nombre de esta nueva ciencia de organología a frenología, que sonaba más elegante, marchó a Gran Bretaña y a Estados Unidos a divulgarla.

Su propia tenacidad y el apoyo del frenólogo escocés George Combe ayudaron a Spurzheim a vencer la indiferencia inicial y la hostilidad con que fue recibido su mensaje en las islas británicas. Durante las dos décadas siguientes se fundaron en Gran Bretaña doce sociedades frenológicas, lo cual influyó en la oleada de entusiamo que levantó la frenología en Estados Unidos. Unos profesores de la Harvard University y del Bowdoin College habían alentado el estudio de la nueva ciencia en Estados Unidos después de oír en Europa las conferencias de Gall y Spurzheim. En 1882, médicos y profesores de Filadelfia fundaron la Central Phrenological Society.

Diez años más tarde, cuando Johann Spurzheim empezó su gira americana, el entusiasmo por este hombre y su obra había llegado a cotas muy altas. Según el *Medical and Surgical Journal* de Boston, a sus conferencias asistían «nuestros médicos, abogados y adivinos más distinguidos, así como ciudadanos muy conocidos por sus aportaciones en el campo de la ciencia y la literatura. El ensayista Ralph Waldo afirmó que el frenólogo era una de las mentes más grandes del mundo.

Cuando Spurzheim murió repentinamente en Boston en 1832, la ciudad le rindió homenajes de héroe. Se hizo una autopsia pública de su cuerpo, precedida de una conferencia sobre sus enseñanzas. Se constató con cierto asombro, pero no con sorpresa, que el cerebro de Spurzheim pesaba 1.700 g, el 20 por ciento más que el peso medio habitual de 48 onzas (Franz Joseph Gall había muerto cuatro años antes, su cerebro pesaba escasamente 1.250 g).

Los artistas dibujaron el cuerpo del frenólogo fallecido mientras éste yacía en medio de una gran pompa. Los miembros de la Boston Medical Society participaron en el cortejo fúnebre, mientras la Handel y Haydn Society cantaba una «Oda a Spurzheim» escrita para dicha ocasión por el reverendo John Pierpont y que terminaba así: «Sacerdote de la Naturaleza, qué auténtico y ferviente / Era vuestro culto en su santuario / Amigo del hombre, sirviente de Dios / Abogado de las verdades divinas / Como ningún otro nos habéis enseñado y maravillado / y deseamos que sigáis haciéndolo / Pero mientras os esperamos, Hermano / Todo está oscuro, sin vos no hay luz.» Ese mismo día se fundó la Boston Phrenological Society, a la que pronto siguieron otras cincuenta instituciones en todo el país.

George Combe, el abogado escocés discípulo de Spurzheim, tomó el relevo en la difusión del movimiento frenológico en Estados Unidos. Entre 1838 y 1840, Combe dio 158 conferencias en la franja este del país, y analizó las cabezas de cientos de individuos, entre ellos grandes personalidades como el presidente Martin van Buren y Daniel Webster. El pedagogo Horace Mann dijo que la frenología era «la guía de la filosofía y el sirviente del cristianismo.» Rembrandt Peale pintó un retrato de Combe.

*El fundador de la frenología Franz Joseph Gall formuló la creencia de que el contorno del cráneo revelaba la personalidad.*

Pero al igual que en Europa, la frenología encontró una tenaz oposición. John Quincy Adams, congresista, y promotor de la Smithsonian Institution, se preguntaba en la prensa cómo era posible que dos frenólogos se mirasen a la cara uno a otro y no se echaran a reír. Oliver Wendell Holmes, escritor y profesor de anatomía de Harvard, dijo que la frenología era una seudociencia en la que «toda prueba positiva que apoye a la doctrina es admitida, y toda prueba negativa que se le oponga, es excluida.»

Incluso los que la apoyaban advirtieron que se trataba de una práctica muy tentadora para los charlatanes. La *American Monthly Review* de Boston, en un artículo a favor de la frenología lanzaba una llamada de precaución: «Los practicantes triviales y autosuficientes... se agarrarán a la frenología como apertura de un camino real, fácil y corto, hacia las profundidades de la metafísica y la moral.»

Pero los escépticos eran una minoría. Más de 500 personas asistían a las conferencias de Combe, pese a que, según todas las fuentes, sus dotes de orador dejaban mucho que desear. Las voces disidentes fueron acalladas por la oleada general de optimismo que generaba esta nueva forma de revelar los secretos más íntimos de la persona y su posible destino.

Y esta intrigante ciencia continuó ganando adeptos influyentes. En 1833, por ejemplo, los alumnos del Amherst College organizaron un debate sobre la validez de la frenología. Un joven brillante y entusiasta, llamado Alonzo Gray, se encargó de la defensa. Henry Ward Beecher, que se convertiría en uno de los predicadores y abolicionistas más famosos del siglo, y cuya hermana, Harrit Beecher Stowe, escribiría *La cabaña del tío Tom*, tenía que ejercer de fiscal acusador.

Pero el debate no tuvo los efectos esperados. Beecher, que ya era muy conocido como magnífico orador, realizó una brillante defensa de la frenología en vez de la denuncia espe-

*El personal de la empresa Fowler & Wells posa en la puerta de sus oficinas en el 753 de Broadway en la ciudad de Nueva York. En su lucha por expandir el negocio frenológico, Charlotte Fowler Wells instaló sucursales de la empresa «cerca de diversas líneas de diligencias y estaciones de ferrocarril.»*

rada. Él y otro estudiante, entusiasta de la frenología, Orson Fowler, unieron a partir de entonces sus fuerzas. Mientras Beecher loaba el mérito de esta práctica a los estudiantes y a todo el que quisiera escucharle, Fowler realizaba lecturas individuales del cráneo por dos centavos.

Después de graduarse, Beecher siguió la carrera religiosa, como había planeado, mientras Fowler se dedicaba por completo a la frenología, con la ayuda de su hermano Lorenzo y su hermana Charlotte. Se trataba de una extraordinaria familia en un momento extraordinario de la historia. Orson era un auténtico visionario, al estilo estadounidense, que sabía lo que quería y cómo conseguirlo. Lorenzo era jefe de ventas y Charlotte, una luchadora por los derechos de la mujer. Pronto se les unió la esposa de Lorenzo, Lydia Folger, que fue la segunda mujer del país que se licenció en medicina y la primera que dio clases en una universidad. El marido de Charlotte, Samuel Roberts Wells, contribuyó aportando su habilidad empresarial y comercial a la causa de la familia.

Los Fowler crearon un sistema organizativo típicamente estadounidense, dedicado a la difusión, práctica y desarrollo de la frenología como medio para alcanzar una forma de vida mejor. Eran oradores y escritores incansables, que escribían además sobre otros temas como la templanza, la reforma educativa, el vegetarianismo, los derechos de la mujer y la abolición de la esclavitud. La familia extendió su causa hacia el oeste, buscando el patrocinio de las instituciones abolicionistas de Kansas y de uno de sus seguidores, el revolucionario John Brown.

Los Fowler ridiculizaban las prácticas educativas de su época, en las que los niños tenían que memorizar pasajes de la literatura clásica. Defendían en cambio una enseñanza en la que los niños realizaran mucho ejercicio físico y mental durante unas jornadas escolares más cortas, para que así tuvieran tiempo libre para aprender según su propio estilo creativo. Según los Fowler, los deficientes mentales y los discapacitados físicos no tenían que ser aislados y considerados desechos humanos. Tenían que ser examinados para ver qué facultades seguían siendo fuertes, de modo que pudieran ser enseñados a utilizar sus talentos por el bien de sí mismos y de toda la sociedad.

Como es natural, ningún aspecto de la vida estadounidense del siglo XIX se consideraba fuera de los límites de la frenología. Su ciencia, afirmaban, abarcaba todas las dimensiones de la existencia humana. Sin embargo, no todas las reformas que preconizaban fueron bien recibidas. Durante esa época de pudor victoriano, Lorenzo no recibió aprobación cuando expresó irónicamente la necesidad de una educación sexual: «¿No es absurdo que alguien formule la opinión de que se trata de un tema *demasiado* delicado? Si realmente fuera *demasiado delicado* discutir los principios que es necesario saber y observar antes de estar cualificado para asumir los deberes que implica el matrimonio, entonces casarse sería ciertamente *muy delicado*, y ser padres absolutamente *conmocionante*».

Hasta la arquitectura se vio implicada en el movimiento de los Fowler y apareció la moda de las casas octogonales. Después de convencerse, por alguna razón, de que las casas de ocho lados eran más beneficiosas que las de cuatro lados convencionales, en 1848, Orson escribió un libro titulado *A Home for All or a New Cheap, Convenient and Superior Model of Building* (Una casa para todos o un modelo de construcción nuevo, barato, beneficioso y superior.) Orson pasó de la teoría a la práctica y construyó una suntuosa e inusual casa octogonal en Fishkill, Nueva York, unos 75 kilómetros al norte de la ciudad de Nueva York. Esta casa llegó a ser conocida como «el capricho de los Fowler», pero el libro fue reeditado siete veces en nueve años, y en este tiempo se construyeron en Estados Unidos más de mil casas octogonales.

La empresa familiar, Fowler & Wells, controlaba un imperio editorial con varios periódicos y revistas, un negocio de ventas por correo, y hasta un popular museo frenológico en la ciudad de Nueva York. Estas empresas producían importantes ingresos, que tenían que sumarse a las grandes sumas que cada uno de los Fowler recibía por sus conferencias.

A mediados del siglo XIX hubiera resultado difícil encontrar una población en todo el país que no se hubiera visto influida por sus enseñanzas. Al igual que muchos europeos de una generación anterior habían insistido en el examen fisiognómico de sus futuros empleados, los estadounidenses empezaron a solicitar una carta frenológica de los aspirantes a un puesto de trabajo. El *American Phrenological Journal* de los Fowler se convirtió en una de las revistas de mayor tirada del país, con más de 50.000 ejemplares. Además de información y consejos sobre muchos temas distintos, los suscriptores de la revista podían mandar una fotografía para someterse a la lectura frenológica. Y muchos se aprovecharon de este análisis por correspondencia para saber acerca de sus amigos, familiares y socios, mientras que muchos padres preocupados mandaban las fotografías de sus futuros yernos para descubrir cuáles eran sus verdaderas intenciones.

Uno de estos exámenes frenológicos a distancia más famosos fue el de Lizzie Borden, acusada de haber matado a hachazos a sus padres en Fall River Massachusetts, en 1892. Después de ser acusada del crimen, se le envió a Nelson Sizer, el presidente del American Institute of Phrenology una foto de Lizzie para que la analizase sin revelarle su identidad. Su «análisis y críticas», publicadas más tarde en el *Evening News* de Chicago incluían la observación de que «la cara denota poder... y la tendencia a ser minuciosa y severa.» Lizzie Borden fue finalmente absuelta, pero hasta ese día muchas personas no creyeron en su inocencia. ¿Podía su temperamento, tal como se había adivinado por la forma de su cabeza, permitirle matar a sus padres de una manera tan violenta?

En la época en que el análisis de Lizzie Borden ocupaba los titulares de los periódicos, la plenitud de la frenología empezaba a declinar. Durante la segunda mitad del siglo, las personas interesadas

*Cuando Orson Fowler se dispuso a construir su casa octogonal en 1850, no se amedrentó por su falta de conocimientos de arquitectura. Un «órgano de la constructividad» bien desarrollado indicaba que estaba frenológicamente preparado para esa tarea.*

# Frenología divina

A lo largo de toda su vida, Henry Ward Beecher, un famoso orador, escritor y ministro de la iglesia congregacionalista, abogó por causas controvertidas. Desde su púlpito en la Brooklyn's Plymouth Church, que presidió durante cuarenta años, desde 1847 hasta su muerte en 1887, el fogoso Beecher luchó a favor de la abolición de la esclavitud, el sufragio de las mujeres, la teoría de la evolución y los principios de la frenología.

En 1832, Beecher fue iniciado en la frenología por su compañero de clase del Amherst College, Orson Fowler. Después de años de estudio y práctica, Beecher se hizo adepto de esta nueva «ciencia» porque creía que le acercaría a Dios. Pensaba que el conocimiento extensivo del mundo natural y su funcionamiento fortalecería su fe y que la frenología le abriría el camino a una nueva concepción de las leyes de la naturaleza.

Beecher también creía que la frenología posibilitaba que el individuo alterase, en busca de la perfección, sus capacidades mentales, y el ministro dedicó el resto de su vida a esta práctica. La frenología, afirmaba «aporta nuevas ayudas a los políticos, abogados, ministros de Cristo, en sus benevolentes esfuerzos por beneficiar a la sociedad, y les da un nuevo poder sobre el intelecto y la voluntad.»

# La lectura de un poeta

En 1849, Walt Whitman con treinta y tres años, había emprendido varios negocios, había viajado mucho y había abierto un nuevo camino para la poesía estadounidense. Sin embargo, cuando entró en el gabinete de Fowler & Wells para someterse a una lectura frenológica, se sentía inseguro de sí mismo, buscando una orientación y un objetivo para su vida.

Como editor de periódicos, Whitman había hecho reseñas de libros de frenología y había declarado que «al menos se ha ganado un puesto, y por cierto muy importante, entre las ciencias.» Convencido de que le revelaría su destino, Whitman pagó tres dólares a Lorenzo Fowler para que le examinara las prominencias del cráneo. El análisis reveló un pensador independiente que «tenía gran dominio del lenguaje» y «que lucharía con la pluma y con la lengua». Años más tarde, Whitman publicó varias veces el resultado de ese análisis, como prueba quizá de que estaba viviendo de acuerdo con su potencial frenológico. La ficha apareció en su controvertido libro de poemas *Hojas de hierba*, que fue publicado por primera vez en 1855 y distribuido por Fowler & Wells. En el prefacio, Whitman reconocía el papel que había desempeñado la frenología en su vida y en su obra.

# Una vida en transformación

El encuentro de Clara Barton con la frenología cambió su vida. Era la más pequeña de cinco hermanos y se crió en una próspera granja de Oxford, Massachusetts. Se trataba de una chica muy tímida, que, según escribió más tarde, «podía prescindir de lo más necesario con tal de no tenerlo que pedir.»

Por suerte para Clara, en 1836 Lorenzo Fowler fue a Oxford a dar una conferencia y se alojó en casa de la familia de Clara durante casi un mes. La madre de Clara habló largo y tendido con Fowler acerca de los problemas de su hija, y la joven fue sometida a un examen frenológico. Clara escribió más tarde que Fowler predijo «que su naturaleza sensible nunca cambiaría. Nunca se hará valer a sí misma, antes preferirá sufrir, pero si tiene que defender a otro, lo hará sin ningún temor.» Le recomendó a Clara que «asumiera sus propias responsabilidades. Tiene todas las cualidades para una buena maestra.»

Clara Barton siguió este consejo. Fue maestra de escuela durante casi veinte años y luchó para fundar la primera escuela pública gratuita del estado de New Jersey. Trabajó de enfermera con los soldados de la Unión heridos en la guerra civil y contribuyó a la fundación de la Cruz Roja nacional estadounidense.

en sondear los rincones de la personalidad humana estaban más interesadas en la obra de Charles Darwin sobre la evolución de las especies, los estudios del cerebro de Paul Broca y, a medida que se acercaba el siglo XX, las nuevas ideas de Freud en el campo de la psicología.

En medio de todo ello, la frenología aparecía como algo obsoleto. Orson Fowler se trasladó a Boston, donde continuó dando conferencias hasta su muerte en 1887. Lorenzo y Lydia marcharon a Londres, donde Lorenzo trabajó con su hija frenóloga tras la muerte de Lydia en 1879, y él murió en 1896, una semana después de su regreso a Estados Unidos. Lo que había enseñado durante tantos años estaba prácticamente olvidado. Los estadounidenses y los europeos estaban por aquel entonces más interesados en seguir diferentes caminos para llegar a las profundidades de la personalidad y las previsiones de futuro.


Un día soleado de julio de 1894, un joven irlandés recorría confiado los pasillos del ministerio de guerra británico. Había sido llamado por el general Horatio Herbert Kitchner, cuyas victorias en Egipto y Sudán habían levantado la admiración pública y, entre los estamentos oficiales, habían producido fruncimientos de ceño teñidos por la envidia. Aunque el nombre de Kitchner enseguida se convertiría en sinónimo de la edad de oro del imperio británico, su reputación ese día no estaba aún asegurada.

En realidad, debió ser la preocupación lo que impulsara a Kitchner a llamar al autoproclamado conde Louis de Warner de Hamon, cuyo nombre de nacimiento era William Warner of County Wicklow, Irlanda, pero más conocido simplemente por Cheiro, un nombre profesional tomado de la palabra griega «mano». Los caporales llevaron al joven ante la imponente presencia del general británico. E igual que uno o dos años antes hiciera el escritor estadounidense Samuel Clemens, Kitchner le tendió la mano para que se la leyera.

Que el comandante de las fuerzas militares en Egipto del imperio británico consultara a un palmista no era un hecho inusual en el Londres de finales del siglo XIX. La quiromancia tenía muchos seguidores. Y para los que relacionaban el linaje con la respetabilidad, la quiromancia afirmaba tener unos orígenes muy antiguos. Poco se sabe de ellos, pero la lectura de la palma de la mano ya se practicaba en India hace más de 4000 años y era un arte respetado desde China hasta Grecia en el siglo IV a. C. Se sabe que Aristóteles, Hipócrates, Galeno y Platón practicaban este arte, al que llamaron quiromancia.

Los manuscritos sobre la lectura de la palma de las manos aparecieron en Europa en el siglo catorce, y en 1475 un escritor alemán llamado Johann Hortlich publicó el primer libro de texto acerca de esta técnica: *Die Kunst Chiromantie*. Pero durante largo tiempo no existió ningún Lavater que intentara reconciliar la quiromancia con los métodos científicos; en tanto que otras disciplinas de diversa índole se reorganizaban y reinterpretaban a la luz de la nueva forma de comprender el mundo, la quiromancia continuó relegada al ámbito del secretismo y la superstición.

Finalmente, en 1889, un grupo de practicantes fundaron la English Quirological con el propósito de «ante todo, elevar el estudio de la mano al grado de investigación científica; en segundo término, promocionar el estudio de la quiromancia en todas sus ramas; y, en último lugar, salvaguardar al público de charlatanes e impostores.» Casi al mismo tiempo, Cheiro llegó a Londres –según su propio relato– tras un largo y exótico viaje.

Este excéntrico personaje apenas contribuyó a la adaptación de la quiromancia a la moderna era científica; tampoco se puede equiparar al imperio frenológico que creó Fowler. Sin embargo, con su siniestra apariencia y su extravagante teatralidad –un cultivado aire de misterio y una alianza permanente con lo oculto– parecía personificar el inagotable atractivo del arte quiromántico. El mismo Cheiro explicó que su odisea empezó en el momento en que a su padre le llegaron tiempos difíciles y él tuvo que abandonar los estudios. Con una educación incompleta, pero inteligente y ambicioso, el joven William Warner se marchó a Londres, siguiendo los pasos de tantos otros irlandeses con ansias de superación. En el recorrido en tren de Liverpool a Londres ocurrió, como contaría más tarde, la primera de una serie de proféticas coincidencias.

Warner, cuyo interés por la quiromancia y el ocultismo venía de antiguo, estaba absorto en una traducción inglesa del *Die Kunst Chiromantie* cuando su compañero de compartimento le comentó que su lectura era «un estudio extravagante». Warner defendió y explicó este arte con tal fervor que el escéptico viajero permitió que le leyera la mano. Al examinar de cerca la palma de aquel hombre, descubrió «una línea del destino muy marcada que... lo erigiría líder de masas.» Pero de pronto se detenía, lo cual, tal como le contó, significaba «un retiro. Otro Napoleón desterrado a Santa Elena.»

La causante de esa retirada repentina, recordaba haber pronosticado Warner, sería una mujer. El viajero se rió de la predicción, y descartó la profecía con el argumento de que en la vida que llevaba no tenían cabida las mujeres. De acuerdo con el posterior relato de Cheiro, se trataba de Charles Stewart Parnell, en aquel tiempo un osado defensor del gobierno irlandés local. Algunos años más tarde, la carrera política de Parnell se vio truncada y su causa recibió un duro golpe al ser nombrado corresponsable en un pleito de divorcio.

arner permaneció un breve tiempo en Londres y viajó a la India, donde trabó amistad con un sacerdote hindú que le ayudó a desarrollar sus dotes quirománticos. Esta educación, explicó Warner, exigía el ayuno, inducía al trance, perseguía la experiencia mística e implicaba el estudio de un libro escrito sobre piel humana. Tras relatar diversas aventuras –entre ellas, la que narra cómo desentrañó un asesinato del que había tenido noticia en Gran Bretaña mientras se encontraba en el antiguo Egipto visitando monumentos– contó su regreso a Londres, la adopción del nombre de Cheiro y la apertura de un negocio en el 108 de New Bond Street.

Por fortuna, su primer cliente fue Arthur Balfour, hombre influyente y bien relacionado, quien, más tarde, se convertiría en presidente de la Society for Psychical Research y primer ministro de Inglaterra. Al parecer, Balfour quedó muy impresionado y, como consecuencia, la nobleza y la aristocracia acudieron en tropel a la consulta del carismático quiromante, y según parece, una larga sucesión de aciertos en la predicción aumentaron la confianza que en él habían depositado sus clientes. Ciertamente, cuando Cheiro informó al sha de Persia de que atentarían contra su vida en su inminente visita a la Exposición de París de 1900, la advertencia se tomó muy en serio y la seguridad se extremó hasta tal punto que poco tiempo después de la predicción se frustró un intento de asesinato.

Sin embargo, también vaticinaba augurios a más largo plazo. En 1894, por ejemplo, pronosticó al general Kitchener que el éxito definitivo le llegaría en 1914; en ese mismo año, Kitchener se convirtió en conde y fue nombrado secretario de estado para asuntos de guerra de Inglaterra. Pero, en la misma entrevista, le aconsejó que no viajara en barco a los sesenta y seis años, y en aquel fatídico año de 1916, una misión a la corte del zar Nicolás II obligó al general a embarcar en el HMS *Hampshire*. La embarcación naufragó tras topar con una mina alemana cerca de las islas Orkney, donde perecieron Kitchener y varios hombres más.

Otros destacados clientes de Cheiro, aparte de Samuel Clemens, fueron el rey Leopoldo de Bélgica; Eduardo VII, la reina Alejandra y Eduardo VII de Inglaterra; el presidente estadounidense Grover Cleveland, el explorador Sir Ernest Shackleton y Oscar Wilde, a quien el quiromante informó de que acabaría en la ruina si no reformaba sus hábitos. Siete años después, el escritor fue declarado culpable y encarcelado por sus conocidas prácticas homosexuales.

Aparte de atender a seis mil clientes en un año, Cheiro viajó ampliamente por Estados Unidos, Francia, Italia y Asia. En 1904, visitó Rusia, donde, según su relato, pronosticó la desaparición de la dinastía Romanov y libró una batalla de poder mental con el siniestro monje Gregorio Rasputín. Como él mismo explicó, los dos hombres intentaron hipnotizarse el uno al otro sin éxito y «la última palabra» del quiromante sobre el asunto fue la lúgubre y acertada predicción acerca de la muerte de Rasputín en el río Neva por envenenamiento, puñaladas y disparos de revólver.

Una crónica narra cómo Cheiro trabajó con el servicio de inteligencia británico durante la Primera Guerra Mundial y nombra entre sus numerosas amantes a la legendaria espía Mata Hari. A pesar de la fama y el éxito que el mismo describió, sus últimos años estuvieron marcados por la desgracia y la depresión; se dice que sus poderes comenzaron a traicionarle hacia 1930. Murió en 1936 en Hollywood, donde esperaba protagonizar una película sobre su héroe, el alquimista y curandero italiano del siglo XVIII Cagliostro.

La contribución de Cheiro a la quiromancia reside en acercar la técnica a las multitudes con la mayor claridad posible. No innovó, como Fowler en el campo de la frenología, ni tampoco sistematizó al estilo de Lavater en fisiognómica.

Fue un brillante publicista que permaneció aferrado a unos métodos milenarios.

De acuerdo con Cheiro y la tradición quiromántica, la mano izquierda de una persona diestra revela la naturaleza innata; la derecha muestra de qué modo esa naturaleza se aplica a las circunstancias de su vida. En un individuo zurdo funciona a la inversa. Una mano redondeada con dedos estrechos –como la de Sarah Bernhardt, por ejemplo– «por fuerza debe utilizarse en una carrera artística emocional», dijo Cheiro acerca de la actriz.

Una mano embotada, cuadrada, indica un predominio del talento práctico o científico.

Los quiromantes examinan la forma de los dedos y las uñas, la prominencia de las articulaciones, la relación del tamaño entre dedos y palma, y el tamaño y forma de los montes: las carnosas almohadillas en la base de la mano, y en la del pulgar y los otros dedos. Pero ante todo, estudian la longitud, definición y prominencia de las líneas que entrecruzan la mano y trazan entramados previsibles, aunque con detalles variables en cada individuo. De entre todas, la mayor y más conocida es la de la Vida, que circunda la base del pulgar; las líneas de la Mente y el Corazón, que atraviesan la parte superior de la palma; y la de la Suerte, que va de la muñeca al dedo corazón.

Una vez realizadas las observaciones más obvias –como la longitud de la línea de la Vida, o la prominencia de la del Corazón– el adivinador pasa a considerar marcas menos evidentes. Algunas líneas, como la de la Intuición, se refieren al carácter del individuo. Otras, entre las que se encuentran la del Matrimonio y la de la Salud, se interpretan a modo de registro del pasado e indicación del futuro. Todavía existen otras –las de Venus, Marte, el Sol, y en especial los diversos montes y los dedos– que se relacionan con los signos astrológicos.

Algunos quiromantes insisten en que su técnica no se reduce a la memorización del significado de las diversas líneas. Mantienen que consiste en establecer contacto telepático subliminal que permite sondear la naturaleza interior, las inquietudes y el potencial del sujeto. Este contacto mental requiere una importante concentración por parte del lector y del individuo, que el contacto físico ayuda a potenciar. Así, mientras la charla sobre las líneas actúa sobre la conciencia, al tocarse las manos se crea un vínculo físico que libera el subconsciente del lector y facilita la exploración en busca de secretos.

Es cierto que la precisión del quiromante parece rodeada de misterio. Sin embargo, algunos críticos opinan que su talento no reside en ningún don psíquico ni en la interpretación de las líneas de la mano, sino en la habilidad para responder intuitivamente a las pistas no verbales que el sujeto proporciona de forma involuntaria. Con frecuencia, el estilo de peinado y la vestimenta, o un simple tic nervioso son de gran ayuda al adivinador, y llegan a convencerse de que poseen poderes psíquicos.

Desde luego, los escépticos empedernidos insisten en que la lectura de las manos no es otra cosa que el recitado de frases trilladas disfrazadas para halagar y seducir al sujeto. Afirman que la inclinación humana a aceptar amplias generalizaciones como fantásticas revelaciones facilita la tarea. Investigadores de una universidad, por ejemplo, pidieron a los estudiantes que valoraran la exactitud de un análisis del carácter realizado para cada individuo en particular. De hecho, a todos los participantes en el experimento se les entregó el mismo párrafo, en el cual se leía: «Eres una persona muy normal en cuanto a actitudes, conducta y relación con los demás. Simpatizas sin esforzarte. Por naturaleza, te agrada la gente y no eres demasiado crítico con ellos o contigo mismo... Tu estado habitual es optimista y constructivo y no te asaltan períodos de depresión, enfermedades psicosomáticas o síntomas nerviosos.» Los estudiantes coincidieron en estimar muy acertada la descripción y les pareció la única ajustada a su propia personalidad. La más reciente sofisticación concede poca credibilidad a la quiromancia y ninguna a la fisiognómica o a la frenología. Pero aun así, persiste la necesidad de creer que el cuerpo es de algún modo capaz de proporcionar una serie de pistas que, leídas con propiedad, desenmarañarán la compleja psique, simplificarán la relación con el mundo y, quizá, revelarán el futuro.

Incluso aquellos que dan la espalda a lo oculto, suelen en ocasiones confiar en otro tipo de videntes, en gente que va más allá del mero estudio de la palmas y los dedos y, en su lugar, intentan encontrar significado en las características del trazo de la escritura. Esta práctica, que se conoce como grafología o análisis de la escritura a mano, se describió como «un conjunto de gestos congelados en el tiempo». Muchos grafólogos trabajan para astutas corporaciones empresariales, tanto de gran envergadura como de poca.

Cientos de compañías estadounidenses se han basado en grafólogos para seleccionar aspirantes a un empleo y para decidir ascensos. En Europa e Israel, esta práctica es más común todavía, y muchas empresas cuentan con el servicio permanente de analistas que revelan al empresario datos que no explica el empleado o de los que ni siquiera es consciente.

El director general de la Phillips Supply Company en Ohio, explicaba una anécdota típica en una revista de negocios. El presidente de la firma recomendó la contratación de un joven prometedor que le habían presentado. Varios ejecutivos de la compañía estuvieron de acuerdo, pero el grafólogo al que consultaron examinó una muestra de la escritura del presunto empleado e informó: «Su integridad no está intacta. Es capaz de robar cualquier cosa que no esté fijada con clavos.» Phillips decidió no arriesgarse. Más tarde se supo que aquel hombre había robado secretos comerciales de otra compañía.

Ésta y otras historias similares ilustran un espectacular cambio en la disposición de los estadounidenses hacia la grafología, que durante largo tiempo se consideró poca cosa más que un entretenido truco de salón. Durante el siglo XIX, el análisis de la escritura nunca llegó a cautivar la imaginación del público como lograría la frenología, a pesar de que atrajo el interés de ciertos escritores, como Nathaniel Hawthorne y Edgar Allan Poe.

De hecho, en noviembre de 1841, Poe llegó incluso a publicar el primero de tres artículos en la popular revista *Graham's Lady's and Gentleman's Magazine*, en el cual analizaba el carácter de autores conocidos a través de su firma. Nunca se sabrá con certeza si Poe creyó dar con un método que revelaba la naturaleza del alma humana o, simplemente, utilizó las firmas como vehículo para criticar a sus colegas. En realidad, su aproximación al parecer careció de la precisión de la que se vanagloria la grafología moderna. Cuesta creer, por ejemplo, que escribiera con verdadera objetividad en su descripción de un Ralph Waldo prototipo de «esa clase de caballeros con los que no se tiene paciencia en absoluto; la mística para los místicos...Su MS (firma) es mala, inclinada, ilegible e irregular, aunque bastante audaz.»

En Europa, la grafología tuvo una acogida mucho más entusiasta que en América. Desde el siglo XVII, se publicaron cstudios serios sobre la relación entre escritura y carácter. Esta investigación alcanzó su punto más álgido cuando Jean-Hippolyte Michon, un pastor francés defensor de esta técni-

ca, persuadió al eminente psicólogo Alfred Binet, quien había investigado y demostrado ya la validez de los tests de inteligencia y rasgos de la personalidad, para que verificara los hallazgos de la grafología. Cuando en 1906 publicó los resultados de su trabajo, que confirmaban la conexión entre las características de la escritura y la personalidad, la grafología adquirió un respeto considerable.

Michon y Binet consideraban su técnica una ciencia. Pero Raphael Schermann fue el único hombre que practicó otra rama del análisis de la escritura, llamada psicografología, que trataba acerca de un pretendido fenómeno psíquico. A Schermann, nacido en Cracovia en 1879, no le interesaban las peculiaridades de la escritura de un individuo; no analizó la inclinación de la línea o el desnivel de las letras, sino que

*Esta serie de postales francesas de principios del siglo XX ilustran los rasgos de la personalidad que se creía que revelaba la palma. De izquierda a derecha, una mano carnosa indica pasión por la vida campestre; una línea del Corazón duplicada sugiere el amor ideal; unas líneas bien definidas denotan una actitud utópica; y una buena línea de la Vida refleja predisposición atlética.*

se decantó por sostener en la mano una carta o sobre manuscrito, cerrar los ojos y describir la apariencia, el temperamento, el pasado y, si el espíritu lo alcanzaba, el futuro del remitente. Al parecer, este hombre poseía un poderoso talento, y en una ocasión ayudó a la policía de Nueva York a resolver un caso de asesinato. En unas pruebas dirigidas por un profesor de la Universidad de Praga, Schermann consiguió un índice de aciertos del 65 por ciento, se realizaron experiencias psíquicas similares, pero estuvieron lejos de repetir semejante éxito.

En los últimos tiempos, la mayoría de grafólogos que trabajan para corporaciones han reivindicado muy tímidamente su técnica. El análisis de la escritura no se proyecta como una amplia ventana hacia el futuro, sino como un valioso instrumento, útil para valorar la inteligencia, las aptitudes y el carácter de una persona, y que, tal vez, proporcione algunas pistas acerca de la futura realización del individuo. Otro punto que valoran los empresarios es que la grafología es más barata, rápida y fácilmente comprensible que una evaluación psiquiátrica o el resultado de un montón de pruebas de aptitud.

La forma y ornamentación de las letras, su inclinación y el grado de presión que se efectúa contra el papel son algunos de los supuestos signos del carácter que examinan los análisis de escritura. Pero los grafólogos serios afirman que, aunque esos factores pueden utilizarse como pistas, no son válidos cuando se consideran aislados; otras observaciones, como la forma y el tamaño de las letras, la velocidad de la escritura, la configuración global de líneas y párrafos, pueden, al igual que la conexión interna entre letras o palabras, confirmar o modificar estos indicadores.

La grafología es tan antigua como la quiromancia. El propio Aristóteles creía que la forma de escribir definía el alma de una persona; en el siglo XI, un filósofo chino advirtió la misma relación. Pero con la llegada de los tiempos modernos, la vieja práctica ha cambiado de un modo considerable. Más de un entusiasta ha combinado los principios de la grafología con la velocidad y la capacidad para procesar datos de un ordenador, con el fin de conseguir análisis más rápidos y precisos de los signos psíquicos enclavados en la escritura. De este modo, prosigue la búsqueda de la piedra filosofal del carácter y el destino, y el misticismo llama a las puertas de la ciencia para aliarse en la investigación de los secretos del espacio interior y el tiempo futuro.

# Escritura y personalidad

**A** la mayoría de analistas les molesta que su trabajo se compare con la adivinación. Afirman que se trata de una ciencia y una técnica; son psicólogos, no ocultistas. En realidad, la grafología forense, que se utiliza entre otras cosas para detectar falsificaciones y establecer la autenticidad de los manuscritos, se reconoce ampliamente como una legítima ciencia. Más cuestionable es la deducción de los rasgos del carácter a partir de una muestra manuscrita, como sostienen muchos grafólogos. Y es en esta zona nebulosa donde coinciden con numerosos adivinos como mínimo en un objetivo: ambos dedican su labor a extraer la esencia de la personalidad.

Los grafólogos insisten en que el carácter se revela en la escritura mediante innumerables pistas, cada una de las cuales debe de considerarse en relación con las otras. El estudio detallado proporciona, según los analistas, más de 300 características de la personalidad, entre las que destacan la sociabilidad o la introversión, el egocentrismo, la imaginación, la ambición y el entusiasmo.

No obstante, los expertos advierten que esta técnica sólo ofrece indicios, en ningún caso certezas, acerca del carácter. Pero lo mismo se puede aplicar a métodos psicológicos más tradicionales. El psicólogo David Lester, que realizó un extenso estudio de contraste entre la grafología y algunas pruebas estándar como, por ejemplo, el Minnesota Multiphasic Personality Inventory y el índice Rorschach, concluyó que la grafología era tan precisa como sus rivales más ortodoxos a la hora de evaluar la personalidad.

En las páginas siguientes se describen algunos de sus principios básicos, junto con el análisis de dos muestras de escritura.

# Inclinaciones Diversas



La mayoría de la gente aprende en la escuela a escribir a partir del método Palmer, que se aprecia abajo en una reproducción del Gettysburg Address. Los expertos en caligrafía continúan utilizando este patrón, que el educador Austin N. Palmer inventó en el siglo XIX, para contrastar otros escritos. Nadie imita durante mucho tiempo la aburrida perfección que prescribió Palmer, sino que cada individuo lo adapta, embellece o elimina hasta que emerge un estilo tan distintivo y específico como una huella dactilar. Los grafólogos atribuyen esta diversidad a la unicidad de cada cerebro humano. La mente escribe, afirman; la mano sólo es la herramienta. Por tanto, la escritura de un individuo en particular es comparable a un diario personal psicológico.

Los analistas prefieren trabajar con una escritura espontánea, en lugar de un párrafo copiado, inscrita en papel no pautado. En primer lugar, observan las características generales, como la inclinación de las letras, la altura y profundidad, el desnivel de la línea, y el espaciado entre palabras.

Un escrito que se inclina hacia la derecha se supone que denota una persona a la que le atrae el prójimo, un individuo al que le agrada y necesita el contacto humano. Cuanto mayor es la inclinación, más evidente la necesidad de aprobación. Un aspecto negativo de este tipo de letra es que su autor puede ser demasiado emocional, sobre todo sometido a una situación de estrés. Una letra que se ladea hacia la izquierda revela a un solitario, una persona introvertida que controla en exceso las emociones. Una inclinación errática, que tanto se decanta hacia un lado como hacia el otro, implica versatilidad, pero al mismo tiempo un humor cambiante e inestabilidad.

La grafología divide en tres partes horizontales las líneas de un escrito, como se muestra en el ejemplo de arriba. La distribución proporcional de las letras dentro las diferentes zonas, puede ser muy reveladora. La parte superior rige la inteligencia, la espiritualidad, el idealismo y la imaginación. La central describe las funciones prácticas conectadas con el trabajo, la familia y la relación social. La inferior gobierna el ámbito físico, el sexo, y los asuntos materiales. Una letra que se distribuye de forma proporcional dentro de las tres zonas denota armonía interior. Si la curva superior de letras como la f, h, k y l muestran una altura desmesurada, el escritor posiblemente sea idealista y propenso al ensueño. Una escritura dominada por la zona central pertenece a un sujeto volcado en sí mismo que vive el momento. Extensiones muy marcadas en la parte inferior responden a un potencial físico y material. El desnivel de la línea en un escrito también se considera significativo. Una escritura que se desarrolla con regularidad de izquierda a derecha indica una personalidad independiente, ecuánime y segura. La línea que sube hacia el final sugiere optimismo y alegría. Y una muestra que se declina hacia abajo implica pesimismo, depresión o fatiga.

El espaciado entre palabras puede revelar ciertas tendencias sociales y emocionales. Dejar poco espacio muestra la necesidad de contacto social, que posiblemente responda a una carencia de juicio a la hora de seleccionar las amistades. Por el contrario, uno amplio refleja reserva y precaución; el escritor se distancia de forma metafórica de sus semejantes. Un espaciado moderado denota un justo medio, una persona que es tan independiente como sociable.

Otro punto que tiene en cuenta la grafología es el tamaño de la escritura. Una muy grande responde a un ego expansivo; una mediana, habla de un individuo equilibrado, razonable, que se adapta con facilidad. Una letra pequeña revela una personalidad racionalista, tal vez un científico o intelectual, en tanto que una extremadamente reducida que tiende a aplastarse sugiere complejos de inferioridad, y una variable, refleja inestabilidad e hipersensibilidad.

# Trazos Diversos

Tras evaluar el carácter global de un estilo de escritura, el grafólogo pasa a desmenuzar la abundancia de detalles que ofrece el examen individual de letras y trazos.

Las mayúsculas son indicadoras del ego, el rostro que uno presenta al mundo. Una mayúscula grande y de trazo fuerte refleja una necesidad de atención y de sentirse admirado, mientras que una pequeña sugiere una modestia excesiva y una carencia de autoestima. La mayúscula del pronombre Yo es un rasgo especialmente importante en el aspecto de la autoestima.

Una *Y* más grande que el resto de mayúsculas indica interés por uno mismo y una fachada de confianza que puede esconder inseguridad.

Una *Y* pequeña y mal hecha revela timidez y falta de voluntad. Demasiado redondeada refleja introversión, pero alargada y angular denota un excesivo egotismo.

La letra *i* es importante por la significación de su punto, que al parecer proporciona inestimables indicios del carácter. Si el punto es estilizado, por ejemplo, el escritor probablemente tiene una gran sensibilidad y posee un agudo sentido crítico. En cambio, uno fuerte y grueso indica un mal temperamento, que puede llegar a la brutalidad. Un punto breve muy separado del pie de la letra demuestra refinamiento e imaginación.

En esta página se muestran algunos ejemplos entre los numerosos indicadores que examina un buen grafólogo.

A pesar de la amplitud de la grafología y la atención que presta al detalle, hay dos características básicas que esta técnica nunca acierta a precisar: la edad y el sexo. Parece ser que la madurez no corre siempre paralela a la edad, y la mayoría de la gente tiene rasgos de ambos géneros en su cuadro psicológico.

## ENCABEZAMIENTOS Y FINALES

*Unos trazos de encabezamiento muy extendidos en las primeras letras muestran afecto por el pasado. El ligero gancho inicial y la pronunciada curva de la f -significativa en la palabra padre- denotan una persona que anhela regresar al pasado.*

*En contraste con la f anterior, ésta carece de preámbulos. Cuando la extensión es inexistente es probable que el escritor sea directo, decidido y eficiente.*

*La floritura de la r, que se proyecta hacia arriba, indica generosidad, junto a un posible interés en materias como la religión, el razonamiento teórico o el pensamiento abstracto.*

*La leve ondulación hacia dentro de la y final es diminuta pero significativa. Alude a una cierta tenacidad y persistencia. El sujeto probablemente tenga objetivos muy claros y sea algo codicioso.*

## LA LETRA *T*

*En una escritura inclinada hacia la izquierda, una única barra de la t que cruza dos prolongaciones revela una voluntad poderosa, agilidad mental, y una posible capacidad ejecutiva.*

*La barra de la t que se curva hacia atrás para cruzar la prolongación revela remordimientos, aunque seguramente no tengan ningún fundamento.*

*El cruzado de la t por encima de la prolongación demuestra objetivos quizá demasiado elevados. Su posición hacia la izquierda señala indecisión o dilación.*

*Una t que se cruza muy abajo sugiere un pensador pedestre, que busca objetivos fáciles y sin riesgo y se refugia en fines seguros.*

*La barra de una t que se inclina hacia arriba, como una línea completa de escritura con la misma tendencia, insinúa una actitud optimista hacia la vida.*

*El abrupto declive de la barra de esta t revela a un sujeto terco y obstinado que tiende a ser excesivamente crítico.*

# Revelaciones de la escritura

Gloria Weiss, grafóloga forense y profesora de grafología en Washington, D.C. analizó las muestras que se observan en esta página.

La de abajo pertenece a una madre con una profesión en activo. La de la página opuesta, a un hombre que tras dejar el gobierno se hizo escritor.



La impresión general que se extrae de este escrito, a juzgar por su inclinación y fluidez, es de espontaneidad, entusiasmo, versatilidad, imaginación, franqueza y eficiencia. La variación de tamaño y forma sugiere cambios de humor ocasionales e indica que el sujeto con frecuencia anda escaso de tiempo.

El ligero arco en la barra de la *t* denota un esfuerzo mental para mantener una concentración que acostumbra a dispersarse. Pero, por otro lado, la ligera floritura de la barra implica buen humor. El espaciado entre palabras varía de estrecho a considerablemente amplio.

Esto significa que el individuo sabe estar con la gente sin ser un entrometido. Las mayúsculas, grandes pero simples, directas y modestas, indican un buen gusto innato y una tranquila seguridad en sí mismo. La inclinación ascendente de la escritura demuestra una naturaleza optimista. La variedad de intereses se desprende del equilibrio con el que la escritura se distribuye por las tres zonas. Sin embargo la parte central es algo más pequeña, y se detecta una inconstancia en las proyecciones hacia la zona superior y la inferior. Estos factores pueden interpretarse como una dificultad de la escritora para discernir las prioridades y los focos de interés de su vida.

En las palabras *conceived, liberty* y *proposition,* Weiss advierte una tendencia a empezar con letra grande y estrecharla hacia el final. Este hábito insinúa tacto y diplomacia. En una escritura más estrecha y menos definida, esas virtudes pueden convertirse en hipocresía, afirma Weiss.

Sin embargo, la estrechez progresiva se equilibra en este caso con el óvalo de la *a* y la *o,* que es definido y muy cerrado en el extremo superior, lo cual demuestra honestidad y franqueza.

La grafóloga concluye que la escritora no es falsa ni le falta sinceridad, sino que tiende a suavizar un poco la verdad para no herir los sentimientos de la gente.

En esta muestra se observa una ligera inclinación hacia la izquierda, una regularidad sin-

Imitación Gettysburg Address

Four score and seven years ago
our fathers brought forth upon this
continent a new nation, conceived
in liberty, and dedicated to the
proposition that all men are
created equal.

gular y una alineación muy recta, que se desplaza de izquierda a derecha con precisión y resolución.

Según Weiss, el escritor tiene unos objetivos muy claros. Posee un carácter resuelto y una gran tenacidad para abordar sus propósitos; una vez traza un curso, no se desvía de él. Termina lo que emprende y lo hace a tiempo. Pequeños detalles confirman esta apreciación global, tales como la forma de la *f* minúscula. Esta letra es especialmente importante para los grafólogos porque revela aspectos de la capacidad directiva.

Según Weiss, una *f* equilibrada cuya extensión superior sea equiparable a la inferior –como ocurre en el caso del novelista– casi garantiza un potente don organizativo. Además, demuestra que es juicioso. El amplio espacio interlineal revela a un hombre que mesura y considera las cosas a conciencia antes de tomar una decisión o emprender una acción.

La parte superior domina el escrito; la *l* y la *b* minúsculas se extienden hacia arriba de un modo que sobrepasa ampliamente la reducida franja central. Se trata de un teórico intelectual, más afín al mundo de las ideas que a los asuntos prácticos o mundanales.

No obstante, ciertos indicios apuntan que el sujeto no es tan rígido como sugiere una lectura general. La extravagante inversión del extremo inferior de la *f* denota flexibilidad, y la barra ascendente hacia la derecha de la *t* indica un entusiasmo considerable y cierta espontaneidad.

A pesar de una vaga reserva que se observa en la ascendencia hacia la izquierda, el trazo alargado al final de algunas letras sugiere cierto grado de extroversión, una aproximación al prójimo. La simplicidad de las mayúsculas demuestra que el escritor no es egotista. Su refinamiento impide la presunción.

Finalmente, anhela y espera mucho de la vida. Así como la joven madre escribe con ligereza, el novelista presiona con fuerza. Esto denota un gran empuje y una poderosa voluntad.

1 2 3 4 5 6 7 8 9 0

# Trazado de los cuatro números básicos

**E**n la antigua práctica de la numerología, la carta de nacimiento de una persona consiste en cuatro números fundamentales; tres se extraen del nombre que uno recibe al nacer y uno de la fecha de nacimiento. Los numerólogos analizan estos números para descubrir indicios del carácter, el destino y los ciclos vitales del individuo. La lectura de una carta personal, similar a la que efectúan los profesionales, se puede realizar por el sencillo método de calcular esos cuatro números y consultar las descripciones de las páginas siguientes. Aunque se aplica a las personas, la técnica puede adaptarse a cualquier cosa que tenga nombre y fecha de nacimiento u origen, por ejemplo un gato, un negocio, una nación e incluso una idea.

El primer paso a seguir en este intrigante arte es convertir el nombre a su equivalente numérico, como se indica en la tabla de conversión numérico-alfabética que se muestra en la página opuesta. Cada letra tiene asignado un número de un solo dígito basado en el lugar secuencial que ocupa en el alfabeto: Las letras que van de la A a la I se numeran del uno al nueve, y el resto quedan reducidas a uno de estos dígitos con una simple suma. Por ejemplo, la J, como décima letra se reduce a uno ($10 = 1 + 0 = 1$), y la U que ocupa el vigésimo primer espacio se convierte en 3 ($21 = 2 + 1 = 3$).

Los tres números del nombre se determinan sumando el valor numérico de tres series distintas de letras que lo integran: en primer lugar, todas las vocales; después las consonantes; y finalmente el total de letras. El total númerico de vocales –a, e, i, o y u– del nombre se denomina Número del Alma. Se cree que refleja el auténtico interior de la persona, sus ambiciones y motivaciones, el criterio y la actitud, y los sentimientos. El total de consonantes proporciona el Número de la Personalidad Externa, que refleja el aspecto físico, la salud y la impresión que da el sujeto a los demás por medio de la vestimenta y la conducta.

El total del nombre de nacimiento completo se conoce como Número de la Senda del Destino. Indica la suma de aptitudes y logros del individuo y el modo en que influye en los demás. El Número de la Senda del Destino también incide en el curso que la persona seguirá para alcanzar los objetivos de su meta –tanto si ésta implica formar una familia como levantar una empresa– y describe al tipo de personas que encontrará por el camino.

Los numerólogos creen que un cambio de nombre puede alterar drásticamente la combinación de letras y números y desarrollar las experiencias, actitudes y el rol social de la persona, aunque el nombre de nacimiento establezca las bases de la naturaleza y el destino para toda la vida. Una mujer que cambia su apellido al contraer matrimonio, por ejemplo, puede incrementar su capacidad de adaptación a nuevas circunstancias al tomar un nuevo juego de números susceptibles de combinarse con el nombre de nacimiento. La numerología señala el cambio en los números personales como factor de tales transformaciones. De forma similar, las estrellas de cine y los escritores toman en ocasiones una nueva identidad pública –y una personalidad privada– con la idea de conseguir con el cambio de nombre una imagen concreta. Realmente, Archibald Leach o Joyce Frankenburg suenan muy diferente que Cary Grant o Jane Seymour, nombre artístico que escogieron los actores.

Aunque el nombre de una persona puede cambiar a lo largo de la vida, la fecha de nacimiento es un valor fijo. El cuarto número, el más importante en la carta numérica, se obtiene mediante la suma de los números de esta fecha. Se denomina el Número de la Lección de la Vida. Revela las enseñanzas y verdades que el individuo aprenderá en el transcurso de su vida; señala el propósito esencial de su existencia.

El Número de la Lección de la Vida se obtiene al escribir la fecha de nacimiento en números y sumarlos hasta reducirlo a un único dígito. Supongamos que su fecha de nacimiento es el 4 de noviembre de 1947; para conocer el cuarto número escríbalo en cifras de este modo: 4-11-1947 –asegúrese de utilizar el año completo, nunca la abreviación 47– y después sume los dígitos hasta reducirlo al 9 ($4 +1+1+1+9 + 4 + 7 = 27 = 2 + 7 = 9$).

El número de la fecha de nacimiento también es la clave para interpretar lo que los iniciados llaman «ciclos anuales de la persona» el reinado de modelos de conducta e influencias, tales como la energía, la armonía, la seguridad, la resignación y las preferencias. Se dice que estos patrones se ponen en movimiento el día que nace el sujeto y cubren ciclos de nueve años que se suceden a lo largo de su vida. El ciclo anual de la persona explica el lugar en el que se centrará una energía durante un período concreto de doce meses, una especie de tarea doméstica en el ámbito psíquico que se asigna al año.

Un método sencillo para determinar el ciclo anual actual consiste en remontarse al último aniversario del individuo y sumar los números de esa fecha, como se demuestra arriba. Los patrones asociados a este número predominarán desde el aniversario anterior al próximo, momento en que el ciclo se trasladará un número; al final del noveno año del ciclo, la persona vuelve de nuevo al primer año.

Aunque el día del nacimiento determina el Número de la Lección de la Vida, esta cifra se repetirá cada noveno año de vida, y cada nueve años a partir de ese momento. Por este motivo, el año de nacimiento y las edades de 9, 18, 27, 36, 45, 54 y de aquí en adelante son trascendentales, períodos en los que tienen lugar acontecimientos que marcan el tema más importante en la vida de una persona y le recuerdan de nuevo la lección que ha venido a aprender. Una vez se han determinado los cuatro números en la carta personal de nacimiento, el último paso consiste en efectuar su interpretación. Cada una de las descripciones numéricas de las páginas siguientes, comienzan con la supuesta esencia del número, continúan con su influencia como número personal en una de las cuatro categorías. Si se desea examinar el Número del Alma, por ejemplo, la definición describe la naturaleza interna. Si se trata del de la Personalidad Externa, representa la forma en la que nos ven los demás. Si se busca la Senda del Destino, la aplicación de las influencias en el curso de una carrera. Y si se trata del Número de la Lección de la Vida, la definición sugiere las enseñanzas que a uno le conviene aprender. Para finalizar, el ciclo anual de la persona describe el modelo predominante de acontecimientos y actitudes para cada año, pasado, presente o futuro.

**E**sencia del Uno: Activación. El uno es la semilla, el origen, el momento en que la fuerza vital se autoimpulsa hacia el exterior para explorar y enfrentarse al nuevo espacio. Es original e individualista porque ninguna experiencia previa ha influido en él. Al desconocer el significado de lo imposible, aborda las cosas con total confianza. El uno es el pionero que afrenta lo desconocido con un coraje inocente. Utiliza su propia creatividad para resolver cualquier problema que se le presente.

**Número Uno Personal:** Se trata de una persona extremadamente individualista y automotivada, y por tanto su tendencia es seguir sus propias ideas e instintos. El individualismo late detrás del ansia de libertad e independencia. Manifiesta su liderazgo con creatividad y originalidad. Se niega a aceptar un puesto secundario y dirige el conjunto de la operación al tiempo que deja los detalles para los demás. Saca mayor provecho de la experiencia que del aprendizaje o el consejo, que le desagradan profundamente. Su naturaleza apasionada puede causar desequilibrios en su conducta emocional. Aun así, la intensidad de su concentración, junto al valor y la inteligencia, hacen del sujeto un baluarte de inspiración en tiempos difíciles. Debe evitar mostrarse arrogante, egoísta y obstinado.

**Ciclo Anual Personal Uno:** Es el principio de un nuevo ciclo de nueve años. Han ocurrido cambios importantes y se encuentra todavía en el proceso de adaptación física y emocional. Se siente impulsado a centrarse en sí mismo, transición mental difícil si le han enseñado a pensar primero en los demás. Sin embargo, ahora, sus necesidades son prioritarias; las decisiones que tome durante este ciclo influirán en su vida durante un período de cuatro a nueve años. Aunque le rodee la gente, es posible que se sienta solo y aislado. Algunas personas intentarán aconsejarle, pero no lo aceptará. Se considera lo bastante independiente, enérgico y voluntarioso para aceptar el riesgo. Es el año para expresar el individualismo y emprender aquello con lo que sólo había soñado hasta el momento. Una persona importante, podría entrar en su vida atraída por esta nueva actitud.

**E**sencia del Dos: Atracción. En este progreso dinámico, el Uno atrae a otro Uno, y se convierten en Dos. El Dos es el período de gestación en que la semilla del Uno se recoge y asimila, y las cosas comienzan a tomar forma. Es el espejo de la iluminación donde el conocimiento surge de los opuestos: día y noche, macho y hembra. Dos es el principio del matrimonio entre dos entidades distintas.

**Número Dos Personal:** Es un diplomático con un fuerte anhelo de paz y armonía. Su sintonía con las actitudes y sentimientos de los demás provocará una asimilación de ideas ajenas, lo cual podría entorpecer su capacidad de tomar decisiones. Su sensibilidad le permite influir en los demás con naturalidad desde un discreto segundo plano sin importunar a nadie. Le estimulan las fuerzas sutiles de la naturaleza; la música y otros aspectos del arte satisfacen su arraigado sentido del ritmo y la armonía. Posee una imaginación desbordante que crea un espejo mágico en el cual aprecia hasta el mínimo detalle. Su buena disposición y paciencia, junto a la sinceridad y la facultad de ver las dos caras de las cosas, hace de esta persona la pareja ideal. Debe evitar la hipersensibilidad, la indecisión y el complejo de inferioridad.

**Ciclo Anual Personal Dos:** Este año, requiere calma y una actitud receptiva por parte del individuo. La habilidad para contrastar puntos de vista de la que ahora dispone le confiere un don conciliador o mediador. Se concienciará de las necesidades de los demás y se dedicará a despejar las diferencias que puedan haber surgido como consecuencia de su agresividad durante el año anterior. Ahora encontrará difícil tomar decisiones, y preferirá permanecer más en la sombra. Es un buen período para las relaciones de pareja, gracias a su sensibilidad. El matrimonio tiene cabida en este ciclo. Su subconsciente es muy activo, debe aprovechar este estado para desarrollar habilidades intuitivas. Destellos de perspicacia y comprensión pueden ayudarle a resolver una situación difícil. Es probable que se reconozca de pronto un hecho o labor realizada en el presente u olvidada tiempo atrás. Pueden presentarse transacciones legales, acuerdos de venta, herencias o reclamaciones. Es un año curioso, en el que la vida fluye con tranquilidad, hasta que repentinamente aparecen acontecimientos excitantes que requieren una decisión muy reflexionada. El lema de este año puede ser: Esperar lo inesperado. Y escuchar la propia naturaleza íntima. La magia creativa espera ser explorada.

**E**sencia del Tres: Expansión. El matrimonio del Dos fructifica y da lugar al Tres. El Tres, el número más imaginativo y creativo es madre-padre-hijo. Esta unidad familiar se simboliza a través del triángulo, conocido en matemáticas como la forma más perfecta, es decir, el primer plano cerrado que se puede construir con líneas rectas. El triángulo representa la naturaleza en tres dimensiones de la divinidad en la mayoría de culturas.

**Número Tres Personal:** Individuo extremadamente expresivo capaz de influir en los demás gracias a su rimbombante estilo comunicativo. En alguna parte le espera un escenario. Tanto en el discurso, la escritura, como en la actuación, su naturaleza brillante y carismática atrae a sus semejantes, quienes disfrutan del entusiasmo y la energía que genera. Cuida su apariencia porque sabe que los logros dependen de la impresión que uno da. Tiene grandes expectativas, y su confianza a menudo se ve recompensada, ya que un pensamiento productivo produce resultados positivos. A causa de su naturaleza expansiva, conoce gente de cultura y estrato social diversos que enriquecen su pensamiento, ya de por sí amplio y ecléctico. No debe derrochar energía y es preferible huir de la exageración, no concederse excesos y eludir el optimismo sin fundamento.

**Ciclo Anual Personal Tres:** Es un año de actividad, expansión, viajes y suerte. El sujeto necesita espacio para moverse y expresarse, sentir la vida, la libertad y la alegría de vivir. Es posible un cambio de lugar o de país con el fin de conocer gente que amplíe su idea del mundo. Algunos individuos con los que inicie una relación ahora pueden resultar contactos decisivos en el ámbito del trabajo en el futuro. Cuida su aspecto y tal vez introduzca cambios en su guardarropa, estilo de peinado u mejore de algún modo su apariencia. Este ciclo se conoce como el de la suerte, su boleto puede ser el ganador. Pero no debe ser demasiado indulgente consigo mismo. El derroche puede conducir a la bancarrota. Si actúa con buen tino, sin embargo, este ciclo será muy fértil e incluso es posible el nacimiento de un niño, un engendro de la mente o un aumento en la cuenta corriente. En medio de este ciclo social, acudirá a fiestas y funciones en las que repentinamente emergerá como centro de atención. La gente le responderá de forma positiva, lo que producirá una sensación de bienestar en su fuero interno. Incrementará la confianza en sí mismo y sus potenciales.

**E**sencia del Cuatro: Seguridad. El cuatro simboliza los límites que proporcionan seguridad al Tres. Como el cuadrado, la segunda forma perfecta en geometría, sugiere fundamentos y perímetros sólidos que contienen y protegen. El Cuatro, enérgico y conservador, contribuye en gran medida a la creación de fuertes alambradas y elementos nutritivos para alimentar la familia Tres.

**Número Cuatro Personal:** Estamos ante una persona práctica, precavida y de confianza, la sal de la tierra. Siente la responsabilidad de construir cimientos firmes sobre los que se sostendrá el futuro, motivo por el cual respeta la ley y el orden. Esto explica porqué su armario nunca está vacio y siempre tiene algo que ponerse un día lluvioso. Sin duda, este individuo acude al trabajo todos los días y acaba las tareas que se le asignan; encarna la frase de Kahlil Gibran extraída de *El Profeta:* «El trabajo es el amor hecho visible». Se enorgullece de su labor porque es una expresión de sí mismo. Se preocupa por la tierra y necesita estar conectado a ella de alguna forma, a través de un jardín, paseos por la naturaleza o cuestiones medioambientales. Los asuntos financieros también son de su incumbencia; son otra expresión del valor de su talento. Debe evitar la terquedad, el exceso de trabajo y la acumulación exacerbada.

**Ciclo Anual Personal Cuatro**: Este año el énfasis recae sobre trabajo, orden, control presupuestario, solidez, relaciones físicas más estrechas y ámbito corporal. Urge organizar todos los aspectos de la vida, y comenzará a limpiar el ático, la bodega, los armarios, el garaje, la oficina. Este acto es un gesto simbólico que indica una necesidad subconsciente de construir y ordenar unos cimientos sólidos en la vida. Los asuntos materiales adquieren importancia porque incrementan su sentido de la seguridad y satisfacen sus considerables necesidades físicas. Es posible que adquiera bienes o propiedades, o decida construir o remodelar. Su cuerpo es una posesión física y, como el año pasado se excedió en el peso, es el momento de desempolvar el equipo de gimnasia, el libro de dietas y la balanza del baño. La salud puede presentar problemas, así que deberá comer bien, descansar, hacer ejercicio con moderación y hacerse una revisión médica. Puede ser un ciclo de dinero, pero el incremento de fondos es proporcional a la dedicación laboral. Si trabaja bien puede verse recompensado.

**E**sencia del Cinco: Experiencia. El cuatro, firmemente resguardado en su casa, ahora comienza a explorar el entorno. El cinco precisa libertad e independencia para que sus sentidos experimenten. Su inagotable curiosidad filtra sus hallazgos y en último extremo realiza elecciones que influirán en su futuro.

**Número Personal Cinco:** El individuo tiene un gran poder comunicativo. Impulsivo e infatigable, necesita libertad para moverse sin trabas por la vida y reunir la experiencia e información que demanda su curiosidad. Promueve ideas y le gustan los cambios por la oportunidad de aprender que proporcionan. Para su bienestar es básica la estimulación mental. Su mente es ágil y se adapta y asimila con rapidez las influencias inmediatas, lo cual significa que es capaz de relacionarse con cualquier grupo. Puede hablar con soltura de numerosas materias gracias a su amplia experiencia y su naturaleza dada a la mímica deleita a los demás. Versátil y adaptable, es la estrella y la animación de la fiesta. Es eficiente pero rehúye la monotonía y los empleos rutinarios. Tiene la facultad de comunicarse con eficacia; debe mostrarse sincero y veraz.

**Ciclo Anual Personal Cinco:** Es infatigable y abierto a los cambios. El ajetreo ha irrumpido en su vida y se siente como en un tiovivo; acude a citas y fiestas, hace recados, contesta al correo y al teléfono y, en general, está disponible para quien le necesite de pronto. Comunicación es la palabra clave de este año. Debe relacionarse y conocer gente porque esas experiencias le proporcionarán la información necesaria para tomar decisiones importantes que afectarán su vida los próximos cuatro años. Si no se encuentra satisfecho con su vida, es el momento propicio para introducir cambios. Surgirán oportunidades en las que tal vez encuentre la solución a cualquier dificultad actual. La actividad de su mente hace de éste un buen momento para emprender caminos que satisfagan sus anhelos de experiencia. Aumentarán sus deseos amorosos y desprenderá ondas magnéticas que atraerán al sexo opuesto. Podrán realizarse algunas expectativas en este plano. Su sistema nervioso se encuentra en una frecuencia muy alta; es preferible evitar el alcohol y las drogas y prevenir accidentes. Es un año para la diversión, el esparcimiento, los encuentros amorosos, las decisiones y los cambios.

# Esencia del seis

**E**sencia del seis: Armonía. Después de experimentar con los cinco sentidos, el Seis asimila la importancia del amor, la compasión y la responsabilidad social. El hogar que se construyó en el Cuatro, ahora debe llenarse de amor y relaciones significativas. El hogar pasa a formar parte de la comunidad en la que el orden y la ley se establecen para crear un entorno social armonioso.

**Número Seis Personal**: Persona con sensibilidad artística cuyo sentido de la armonía se expresa por sí mismo en el hogar, el arte o el servicio a la comunidad. Necesita e irradia amor en su entorno inmediato, donde la familia tiene una destacada importancia. Su apreciación de la belleza se manifiesta en la decoración de la casa, las manualidades y en la cocina. Su capacidad innata para ir directamente a la esencia de las cosas, así como la comprensión que demuestra, le convierte en el consejero ideal al que acuden los demás en busca de soluciones a sus problemas. Si trabaja fuera de casa, intentará establecer un orden armónico en el mundo por medio de embellecer el entorno, dar consejos o a través del arte o un medio legal, que persiga la justicia. Quiere a la gente y se preocupa por sus semejantes, es generoso y tolerante. Debe poner especial cuidado en no convertirse en un recluso o felpudo de los demás; correría el peligro de ser un mártir.

**Ciclo Anual Personal Seis:** Esta fase se conoce por su espíritu hogareño y familiar. Siguiendo el curso natural de las cosas, tras los encuentros amorosos del año anterior, existe la posibilidad de casarse y tener hijos. Aunque ése no sea su caso, su atención se centrará en el aspecto doméstico, donde ocurrirán transformaciones, por ejemplo entrarán o saldrán del entorno algunos miembros de la familia, los hijos irán a la escuela o contraerán matrimonio, los parientes le pedirán ayuda financiera o emocional. Aumentará la responsabilidad respecto a la familia. Su sentido de la justicia atraerá a la gente, que le contará sus problemas y le pedirá consejo. Será posible llegar a acuerdos que restablezcan el equilibrio. La belleza y la armonía cobrarán importancia en su vida, por lo que es probable la redecoración de la casa, la adquisición de obras de arte y un interés por los museos y la danza. Los proyectos comunitarios pueden satisfacer su sensibilidad social en este momento. Si da rienda suelta al amor y la comprensión, se estrecharán las relaciones con la pareja, la familia o los amigos.

# Esencia del Siete

**E**sencia del Siete: Análisis. Ahora que el cuidado físico se ha llevado a cabo, el Siete busca la introspección para situarse en el universo. Comienza a pensar y a analizar las experiencias del pasado y las situaciones del presente, y se pregunta por el futuro. El Siete comprende que debe depurar para el tiempo venidero las técnicas que ha desarrollado. El siete refleja relajación física y actividad mental.

**Número Personal Siete:** Se trata de un pensador e idealista que analiza el conocimiento desde distintas fuentes antes de aceptar una premisa. El ruido y la muchedumbre perturban su naturaleza meditativa, de modo que se reserva el tiempo para sí mismo a fin de que su creativa imaginación pueda vagar con libertad en busca de la perfección. Su capacidad intuitiva combinada con su inclinación analítica le convierte en un profeta capaz de anticipar necesidades y acontecimientos futuros. Conoce la naturaleza humana y las apariencias externas no lo engañan fácilmente, característica que puede incomodar a los demás. Su conducta introspectiva confunde a muchas personas. Por regla general, no acepta opiniones ortodoxas sino que investiga por su cuenta, aunque halle sus propios criterios en el marco de una educación convencional o religiosa. Es aconsejable escuchar otras ideas y no permitir que una actitud reservada lo aparte de aquellos a los que ama.

**Ciclo Anual Personal Siete:** Es tiempo de descanso. Se siente más cansado y menos sociable que de costumbre y desea estar solo para pensar de dónde viene, dónde se encuentra ahora y hacia dónde va. Pasará el tiempo con uno o dos amigos que complementen su estado contemplativo. Este ciclo marca el momento de mirar hacia dentro y reflexionar. Deberá mantener la rutina diaria hasta cierto punto, pero no aborde sus asuntos con demasiada energía; si persiste en esforzarse en el mundo exterior, puede caer enfermo. Tiene que dejar de lado las inquietudes materiales; las cosas por las que se ha preocupado durante los seis años anteriores se desarrollarán sin su intervención. Su mente se encuentra excepcionalmente alerta y debe aprovechar el momento para perfeccionar los conocimientos que posee; quizás el próximo año le sean útiles. Pero de momento, es recomendable dedicarse al estudio, la lectura y tomar clases de filosofía, religión, numerología, astrología o cualquier otra materia metafísica que le ayude a encontrar su lugar en la vida. Su intención está en una etapa muy intensa, y sueños, visiones, y experiencias telepáticas tienen cabida en este ciclo.

**E**sencia del Ocho: Recompensa. La fuerza y la destreza adquiridos en los siete números anteriores se ponen a prueba ahora. Provisto de un buen bagaje físico, emocional y mental, el Ocho emerge al mundo para establecer su autoridad en situaciones de poder material. El premio por los esfuerzos del pasado va ligado a la sabiduría en sus elecciones anteriores. En este período kármico el Ocho cosecha lo que sembró.

**Número Personal Ocho:** Es el clásico ejecutivo que se mueve con soltura en cualquier esfera. La gente percibe su facultad para dirigir y organizar y automáticamente lo eligen como líder. Conoce el valor del dinero; su atinado criterio económico puede situarle en el mundo de las finanzas. Si trabaja con ahínco, disciplina y cautela puede alcanzar un puesto de mucho poder en esta esfera. No confía en la suerte; depende de su ingenio y su perseverancia. No conoce término medio; la ambición le conducirá al éxito. Debe aceptar responsabilidades y desenvolverse con buen juicio porque sus acciones tendrán una obvia repercusión en el mundo en que se mueve. Como proveedor de recursos materiales, debe administrarlos con prudencia y respeto. Las intrigas y las acciones despiadadas, así como los progresos personales basados en la falta de respeto, se traducirán en fracaso.

**Ciclo Anual Personal Ocho:** Este año conseguirá lo que se ha ganado. Persiga con confianza y determinación los objetivos de su profesión, porque en esta etapa se le tendrá en cuenta. Si ha trazado bien sus planes, conseguirá una promoción, un ascenso o el reconocimiento. Honores, premios y herencias también entran en los cálculos. Comprobará su eficacia en el mundo material. Es un año de presiones y responsabilidades, las riendas del poder pueden recaer en sus manos, y probablemente, grandes sumas de dinero. Las relaciones personales también serán muy intensas. Para satisfacer las necesidades de este ciclo, al contrario que el Cinco, en el que las actividades amorosas cumplían un fin experimental, sus relaciones actuales deben comprender respeto e igualdad, físico y espíritu, cuerpo y mente. Aquí puede encontrar universalidad, pero lo que este ciclo le brinde será el resultado de su conducta en el transcurso de los siete anteriores, y, si los analiza, descubrirá cómo ha llegado al punto en que se encuentra.

**E**sencia del Nueve: Relajación. Después de experimentar el poder del mundo material en el Ocho, el Nueve sabe que los asuntos materiales son transitorios y deben devolverse al donador. Una vez aprendido que la vida es cíclica, el Nueve retorna libremente y sin temor a aquello que ha ganado y enriquece así el universo. Es el humanitario que sostiene la luz de la sabiduría.

**Número Nueve Personal:** Es una persona humanitaria que comprende y estima a aquellos que marginan las barreras raciales, sociales o económicas. Dado que se siente parte de un gran todo, reparte con generosidad su tiempo y sus recursos. Antepone la sabiduría al mero conocimiento y desea hacer del mundo un lugar mejor en el que vivir. Como pertenece a la familia universal, sabe que tiene que vivir de forma impersonal y dejar que las cosas tomen su propio rumbo cuando llegue el momento. A la gente le atrae su tolerancia, sabiduría interior y amplitud de visión, que en ocasiones resulta profética. Debe seguir su propia filosofía para dar ejemplo a los demás. Las necesidades de la vida son fáciles de cubrir, de modo que es libre de seguir sus impulsos humanitarios. Debe evitar la autocomplacencia, que sólo puede conducir a una falta de confianza en la generosidad.

**Ciclo Anual Personal del Nueve:** Es el año que cierra el ciclo, un período de purificación en el que las cosas de la vida que no son estrictamente necesarias se descartarán para hacer sitio a una nueva vuelta a la experimentación en su próximo año Uno. Los cambios más importantes tienen lugar ahora. Algunas personas pueden desaparecer de su vida, es probable que cambie de empleo o de posición y deberá desechar cosas a las que se ha acostumbrado. Su actitud dará un giro espectacular. Es el momento de destinar parte de la energía a fines benéficos y devolver a la vida lo que ella le ha dado; experimentará la alegría de regalar. Estas acciones forman parte del proceso de transición. Viejas amistades adquirirán ahora una importancia especial; algunas nuevas pueden iniciarse en esta etapa. Recibirá la recompensa por esfuerzos anteriores. Se han realizado muchos objetivos y ha llegado la hora de atar cabos sueltos. Los últimos ocho años han añadido nuevos focos a su fuente de sabiduría. Descubrirá otros con su simpatía y comprensión; debe estar abierto al baño de purificación del cambio. Nueve años excitantes se proyectan por delante a partir de su próximo aniversario.

# CAPÍTULO 4

# Guías simbólicas del Destino

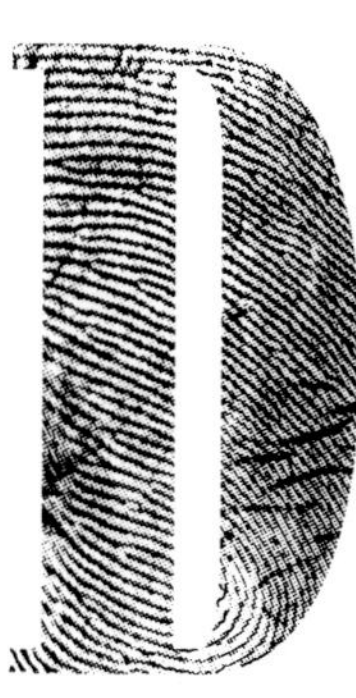

e acuerdo con el sistema hebreo tradicional de derivar números adivinatorios a partir de letras y palabras, el nombre de esta mujer equivale al dos, y se conoce como modelo de femineidad. Sus consonantes suman ocho, lo cual indica una fuerte influencia del dinero, el poder y la fama en su vida. Las vocales, que se conocen como indicadores de la naturaleza interior, dan el número tres, que sugiere encanto y suerte, fuego interno y talento artístico. El número que más se repite es el cinco, reflejo de una energía nerviosa que dirige una personalidad versátil. El siguiente es el uno, el número de la ambición insaciable. Pero ni un solo seis –número de la paz y la tranquilidad– aparece en su nombre artístico: Marilyn Monroe.

En su breve y turbulenta vida a la que puso fin el suicidio, esta estrella de cine llena de glamour, al parecer, cumplió de lleno las predicciones de la antigua práctica numerológica, uno de los diversos métodos simbólicos inventados para interpretar el presente y adivinar el futuro. En la esencia de todas las prácticas subyace la persistente creencia en el orden del universo; nuestra ciencia y nuestra religión se articulan sobre esta convicción. Sólo es necesaria una otra pequeña muestra de fe para creer que el mismo orden que rige el curso de las estrellas, el desplazamiento de las nubes y el flujo de las mareas se extiende también a los asuntos humanos. Y si este orden lo gobierna todo, prosigue el razonamiento, seguramente se demuestra tanto en las cosas pequeñas como en las grandes.

Lo que el cielo revela a unos, una secuencia de cartas o números, o el modo de caer de un juego de varillas o monedas muestra a otros. Y si el orden eterno del universo está establecido y es completo como creen algunos, el accidente o la elección no tienen cabida; el modo de caer, la secuencia o el entramado son el resultado de la confluencia de todas las fuerzas del orden en el momento de la adivinación.

Todas las culturas han buscado la clave para interpretar el funcionamiento del universo. La búsqueda de las verdades que encierran los símbolos persisten en la actualidad en tres corrientes principales. Una consiste en una antigua técnica china llamada *I Ching* que, en vez de guiarse por los números, extrae un complejo significado de la combinación de líneas seleccionadas al azar. Otra consulta unas cartas decoradas que se conocen con el nombre de Tarot, cuya doctrina cree que el destino rige la forma en que se barajan y reparten y se revela en sus símbolos y su interrelación. La tercera tendencia se decanta por la numerología, la cual asigna números a las letras del alfabeto derivadas del nombre de la persona y establece una cifra que corresponde a un significado concreto.

No se conoce con seguridad la procedencia ni la antigüedad de esta técnica, pero algunos datos indican que se remonta a varios miles de años. Los mayas creían en la significación mística de los números, al igual que los astrólogos y agoreros mesopotámicos, a quienes en ocasiones se les ha atribuido el origen del concepto que adjudica a los números una capacidad para explicar la estructura del universo. La Cábala, un sistema judaico de interpretación religiosa y mística, sostiene que Dios utilizó letras y números como material de creación del mundo. Y algunos entusiastas todavía van más allá y creen que egipcios y mejicanos incorporaron a sus pirámides dimensiones que no habían dictado arquitectos o ingenieros, sino numerólogos que designaban las estructuras para expresar cierto conocimiento secreto.

Los primeros místicos judíos asociaban números y letras con el fin de descubrir el significado oculto de los escritos. En su sistema de interpretación, llamado gematría, las palabras o frases cuyos números sumaban totales idénticos se consideraban también idénticas en significado. El sistema que adquirió mayor popularidad en Occidente y cuyos seguidores se interesaron por la noción global de la numerología se basó, en gran medida, en la obra de un filósofo griego de la antigüedad que, seguramente, es más conocido y reverenciado por los matemáticos perspicaces que por los círculos de ciencias ocultas.

Según se desprende de algunas crónicas, fue campeón en la modalidad de boxeo de peso pesado en los XLIV Juegos Olímpicos.

Estudió con las más destacadas mentes de su Grecia natal y, al parecer, viajó hacia Egipto y Babilonia para sondear los misterios de la geometría y la astronomía. Alcanzó un alto rango como maestro y líder de de una hermandad filosófica en la ciudad italiana de Crotona. Pero se dice que nada impresionó tanto a este hijo de mercaderes como el descubrimiento de la lira.

Esto ocurrió en Asia Menor alrededor del año 530 a C. El filósofo al que nos referimos, cuyo nombre conocerían los estudiantes de geometría del milenio que se sucedería, era Pitágoras, y su pasión verdadera fueron las matemáticas. Al principio, ni él mismo sabía a lo que le conducirían sus estudios sobre el tono de la lira. Pero Pitágoras prosiguió investigando la octava, se adentró en la naturaleza de la armonía y probablemente calculó en un instrumento de una sola cuerda llamado monocordio qué extensión producía cada nota.

Al poco tiempo realizó un descubrimiento que tendría una gran repercusión en el pensamiento humano a partir de ese momento.

Pitágoras y sus discípulos veneraban los números con el mismo fervor y devoción que sus contemporáneos profesaban a la diversidad de dioses del mundo helénico. Durante un período de investigación sin precedentes en la naturaleza de las cosas, una era que más tarde se conocería como época clásica, la contemplación del significado de los números constituyó una novedad y una ocupación muy grata. Esos ejercicios iban mucho más allá de la lógica perfecta de las matemáticas. Para los pitagóricos, los números poseían además una dimensión abstracta, mística, incluso; los miembros de esta ardiente hermandad se sintieron atraídos por conceptos como, por ejemplo, la semejanza elemental entre tres elefantes y tres pulgas: su idéntica *tresedad*.

Seguramente, el hecho de que su método de representación numérica fuese más literal que simbólico, limitó en parte sus reflexiones. El número uno se representaba con un solo punto, el dos con un par, el tres con una disposición triangular, y así sucesivamente. Los números se empleaban únicamente para contar cosas. En cierto sentido, se encontraban encadenados a aquello que numeraban. Pero Pitágoras, con su lira y su monocordio, los liberó al tiempo que abría las puertas de un nuevo mundo al sistema numerológico y a las matemáticas.

Su hallazgo catalizador consistió en demostrar que la armonía musical dependía de la longitud relativa –calculada con números, por supuesto– de las cuerdas con las que se tocaba. Cuando, por ejemplo, una cuerda era el doble de larga que otra, estableciendo una relación 2:1, sus notas se diferenciaban en una octava y eran más armónicas. Relaciones del 3:2 y 4:3 producían acordes similares, del mismo modo que sus múltiplos. Cualquier arreglo distinto daba como resultado disonancias estridentes.

A los pitagóricos les intrigaba el hecho de que las escalas armónicas musicales pudieran expresarse numéricamente del uno al cuatro. Colocados en secuencia temporal, a base de puntos, se podían combinar en forma de un entramado triangular lógico, llamado *tetractis*, que pronto adquirió un sentido simétrico y significtivo. Ésta era su forma:

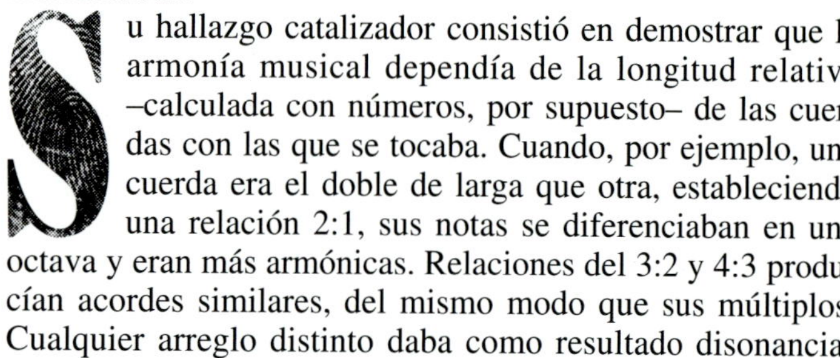

En esta sencilla distribución de diez puntos, los discípulos del filósofo descubrieron todas las escalas de armonía músical y

# El Tres Místico

«A la tercera va la vencida», reza una de tantas supersticiones que perduran desde tiempos remotos. Divinidad y signo del infierno, el tres se ha considerado un número mágico en una amplia gama de culturas desde hace milenios.

Los griegos clásicos tenían unas 120 tríadas -o grupos de tres- míticas. Algunas eran de índole benéfica, otras no. Entre las benignas se encontraban las Tres Gracias, doncellas de Apolo, que se muestran abajo en un detalle de *La Primavera* de Botticelli. Pero también existían otras tríadas como las furias, con cabeza de serpiente, diosas de la venganza, y los tres lúgubres hados.

En la mitología escandinava también aparecían tres hados, que dividían el cosmos en tres partes distintas. Similares elementos del cristianismo, como la Trinidad y la Sagrada Familia, tuvieron toscos equivalentes en Osiris, Isis y Horus, del antiguo Egipto, así como en la trinidad hindú de Brahma, Vishnu y Siva.

En numerología, el tres denota armonía espiritual y energía sexual, las fuerzas trascendentes y generadoras.

la simetría entre los ángulos. Encerrado en el centro hallaron el uno, número que consideraban absoluto, y percibieron un pequeño triángulo en la base –una trinidad mística– rodeado de siete puntos que representaban las notas de la octava musical. También sostenían que los números del uno al cuatro eran los más importantes. Sumados equivalían a diez, y de ellos se podían derivar todos los demás. El tetractis los fascinó de tal modo que lo adoptaron como icono sagrado de su orden.

La conexión con la armonía y la música acabó de convencer a Pitágoras y a sus seguidores de que los números tenían muchas más aplicaciones que la mera descripción cuantitativa de las cosas. En realidad, eran la esencia de las cosas, la expresión de las leyes fundamentales del universo. «De no ser por los números y su naturaleza –afirmó el filósofo pitagórico Philolaus en el siglo v a. C.– nadie comprendería la existencia propia de las cosas ni su relación con las demás. El poder del número se observa, no sólo en las cuestiones de demonios y dioses, sino en todos los actos y pensamientos del hombre.»

La armonía era el ideal, no sólo en el campo de la música ni en el mundo material, sino también en el cosmos y el ámbito espiritual. Del mismo modo que los números trazaban el camino hacia la armonía musical, conducían a la armonía cósmica y espiritual, una especie de música del universo en la que las notas individuales o fenómenos vibraban en distintas escalas y producían armonías o disonancias según fuera su caso.

Los pitagóricos descubrieron que las posibilidades eran múltiples, y cada número desempeñaba distintas funciones.

El uno representaba la unidad primordial –omnipotente, entero, macho y dios– y se dividía en componentes para la creación del universo físico. El dos, el primer resultado de esa división, se consideraba la quintaesencia de la femineidad, la división y la maldad. (Con el discurrir del tiempo, los numerólogos modernos tienden a rechazar este tipo de clasificaciones basadas en el sexo.) Todo en la creación se dividía en diez pares de categorías opuestas: bien y mal, luz y oscuridad, macho y hembra.

Pero el atributo más importante era la calidad de par o impar del número. Los impares, al contener el uno (que siempre sobresalía en las distribuciones de puntos creadas para repre-

# El Siete Significativo

Dice el dicho popular que siete hijos de siete hijos poseen un poder misterioso, una leyenda entre tantas que refleja las connotaciones místicas del número siete. Las leyendas podrían estar condicionadas al conocimiento humano de los cielos. Los astrónomos de la antigüedad sólo conocían siete «planetas», cuyos movimientos se creía que regían el destino de los humanos. Como se observa en una ilustración (arriba) de un manuscrito del siglo XIV, los astrónomos estudiaban un sistema solar en el que el sol, la luna, Marte, Mercurio, Venus, Júpiter y Saturno giraban alrededor de la Tierra. También se consideraba de gran trascendencia mística el hecho de que cada una de las cuatro fases de la luna durara siete días.

En la Biblia abunda el siete significativo, desde la concepción del séptimo día del Génesis hasta la Gran Bestia de siete cabezas de la Revelación. Los pitagóricos dividían la vida en diez períodos de siete años. Los antiguoa asirios clasificaban a sus dioses en grupos de siete y el conocimiento sánscrito tenía siete sabios, siete castas y siete mundos. En Caldea se creía que el siete era un número sagrado, como en el caso de los dioses del sol Apolo, en Grecia, y Mithras en Persia.

sentar esos numerales), se asociaban a los conceptos de unidad, bondad, masculinidad. El tres, por ejemplo, reflejaba la creatividad y la brillantez, pues combinaba armoniosamente el uno y el dos. Los pares, por otro lado, representaban la división, el mal y la femineidad, El cuatro, el primero cuya representación cerraba un espacio, era prosaico, estable y reflejaba la justicia.

Se creía que el cinco era un número en movimiento, afín a la aventura; al ser el primer número resultante de la combinación de un par y un impar (el uno no se consideraba un número, sino un absoluto) representaba el matrimonio. El seis descansaba en la tranquilidad doméstica. El siete se alejaba de las materias mundanales y se internaba en los misterios de la introspección, mientras que el ocho disfrutaba del mundo terrenal y todos sus atractivos. El nueve se mantenía aparte y simbolizaba la perfección mental y espiritual.

No se sabe a ciencia cierta qué parte tomó Pitágoras en todas estas atribuciones porque no dejó registros escritos. A través de los tiempos los mitos alrededor de su persona se han multiplicado: se le ha otorgado el título de mago, poeta, e incluso creador de la Cábala. Al parecer, hacia el final de su vida, los ciudadanos de Crotona se volvieron recelosos y empezaron a temer a la escuela y sus enseñanzas heréticas, para no mencionar su creciente influencia política. Una muchedumbre destruyó la escuela y sus crónicas escritas tras echar del lugar a Pitágoras y sus discípulos. Otra historia sostiene que la lucha intestina entre los diversos miembros acabó por disolver la escuela.

En cualquier caso, las posteriores generaciones de estudiosos recogieron y extendieron sus ideas. En el siglo XVI, Boetius, estadista y filósofo romano, introdujo la doctrina pitagórica en un mundo que el cristianismo había transformado, y el estudio de los números emergió de nuevo. La perfección del uno se asoció a Dios y la divisibilidad del dos, a la

# El Trece Fatídico

La superstición que rodea al trece es tan persistente que muchos hoteles continúan omitiendo la puerta número trece en sus habitaciones.

Diversas jurisdicciones locales nunca designan el trece a la numeración de las calles, y bastantes anfitriones evitan organizar una cena de trece invitados.

Se acepta ampliamente que el temor hacia el trece -o triskaidekafobia- procede de la Última Cena, que se muestra a la derecha en un fresco de Andrea del Castagno. Judas el traidor era el insidioso decimotercer comensal de esta Pascua de mal agüero.

También se dice que el viernes trece se considera especialmente fatídico porque Cristo fue crucificado en viernes.

Otra fuente de triskaidekafobia, menos conocida pero probablemente válida, tiene que ver con la diosa escandinava Freya, a la que el viernes debe su nombre anglosajón (Friday). Para esta divinidad, tanto el viernes como el trece eran sagrados.

Los primeros misioneros cristianos que combatieron el paganismo –en particular el enraizado en una tradición matriarcal– mostraron una especial aversión hacia las mayor de las diosas escandinavas, y como consecuencia, hacia su día y su número.

No obstante, el odio por el trece no es exclusivo de las culturas cristianas. Incluso los escandinavos fueron equívocos al respecto: Hay un mito en su tradición acerca de doce dioses que organizaron un banquete y olvidaron invitar a Loki, el dios de la malicia. La malvada divinidad –el decimotercer invitado– irrumpió en la fiesta y les gastó una broma que costó la vida de uno de ellos. En un mito griego muy similar, los doce olimpos celebraron un banquete en el que no contaron con Eris, diosa de la discordia. Despechada, arrojó a los comensales una manzana de oro con la inscripción «A la más hermosa». Según narra la leyenda, la discusión para dilucidar qué diosa merecía el premio, condujo finalmente a la guerra de Troya.

Los numerólogos de la antigüedad sentían cierto desdén por el trece, porque seguía al doce, el cual se asociaba a la finalización. De ahí que el trece fuera el número que nadie quería ni necesitaba, el que significaba la ruptura de los límites oportunos. En la antigua Roma, como en algunas sectas de la India, se creía que el trece traía mala suerte.

Sin embargo su mala reputación no es universal. En la tradición hebrea es un número propicio y posee una importancia divina para algunas tribus indias de América Central. Además, algunos numerólogos cristianos mostraron buena disposición hacia el número, y argumentaron que la Trinidad y los Diez Mandamientos sumaban trece, igual que Cristo y los doce apóstoles.

separación respecto a la divinidad. Valiéndose de las Escrituras, los numerólogos crearon una gran diversidad de nuevos significados. En el libro de la Revelación descubrieron lo que consideraron un ejemplo de su práctica: La Bestia del Mar –el Anticristo– recibió un número, «seiscientos sesenta y seis». A partir de ahí, cualquier persona o cosa cuyo nombre se pudiera representar con el 666 era sospechosa de ser un emisario del diablo. (A través de la aplicación de diversas técnicas numerológicas, este número se revela en los nombres de la ciudad imperial de Roma, los emperadores Nerón y Calígula y el alemán Adolf Hitler.)

La doctrina cristiana de la Trinidad supuso una fuente de comentarios por parte de los numerólogos. Para el ocultista francés del siglo XIX Éliphas Lévi, por ejemplo, era evidente por qué Dios había elegido el número tres: «Si Dios fuera uno, no sería Padre ni Creador. De ser dos, el antagonismo y la división poblarían el infinito. Optó por el tres a través de su imagen en la que se refleja la infinita diversidad de todas las cosas.»

Los numerólogos actuales se interesan más por la interpretación del carácter y la predicción del futuro que por los materias teológicas y la meditación. Del mismo modo que Pitágoras predicó que el número englobaba todas las cosas, creen que un nombre –o los números que se le asocian– es un todo; no es sólo una descripción, sino la esencia del individuo. Desde luego, dos nombres pueden ser idénticos, pero cuando se combinan con la fecha de nacimiento, el resultado es distintivo. Un numerólogo ha calculado que las probabilidades que resultan de duplicar todos los modelos numéricos que genera esta combinación son del orden de un billón.

En la práctica moderna, el nombre de una persona se re-

# Echar la Suerte

«La suerte está echada», dijo el personaje de Shakespeare Julio César al tiempo que cruzaba el Rubicón en la gran apuesta de su carrera. Era una expresión nueva, pero el vínculo entre dados y destino era una idea muy antigua.

Los primeros dados, hechos de hueso, probablemente existían desde decenas de cientos de años atrás. Es casi seguro que se utilizaron como juego y para adivinar el futuro. Al parecer, el hombre primitivo confeccionó juegos adivinatorios como avenidas a través de las cuales los dioses podían mandar presagios del futuro.

Entre los dados precursores, que tanto utilizaron griegos y romanos mucho después, se citan aquellos grabados en los tarsos de cuatro lados de las ovejas, conocidos como astrágalos. La decoración de las caras, aunque no fueran necesariamente puntos, tenían designados valores utilizables en el juego y la predicción. Durante siglos, el astrágalo convivió con el dado cúbico que llevaba el modelo actual –los puntos de todas las caras sumaban siempre siete–, el cual apareció en escena alrededor del año 1400 a. C.

Otro tipo existió en Egipto, como mínimo, desde el 3500 a. C. El papel que desempeñaron en la predicción se ha perdido en la historia, pero se conocen a ciencia cierta algunos usos lúdicos. Excavaciones realizadas en tumbas egipcias han descubierto dados provistos de un peso, creados especialmente para hacer trampas.

A lo largo de los años se han desarrollado diversos métodos de adivinación del futuro a través de los dados. Al contrario que la numerología, el *I Ching* o el Tarot, su manipulación requiere escasa destreza y la facilidad del sistema permite probar en casa.

El método más sencillo es el que funciona a base de preguntas y respuestas. Se inquiere lo que se desea saber. Por ejemplo se puede formular: ¿Me casaré pronto?, o ¿seré rico?, o bien ¿cambiaré de empleo en estos momentos? Después se realiza una lista de respuestas numeradas del cuatro al veinticuatro. Algunas posibilidades podrían ser: Sí, seguramente; sí, si trabaja con ahínco; no en esta ocasión; o sólo con perseverancia. Con una pregunta concreta en mente, se echan dos dados y se suman los números. Se repite otra vez la operación y se añade el segundo total al primero. Con este resultado, debe consultarse la lista de preguntas y buscar la respuesta correspondiente. Otros sistemas más formales requieren cierto ritual previo y, según la tradición, una atención a las circunstancias. Se dice que viernes y domingo son días desfavorables a la predicción. Un tiempo fresco se considera propicio para echar los dados, y es esencial un ambiente tranquilo. Mientras se efectúan las tiradas hay que observar un silencio absoluto.

Se traza un círculo de unos 30 cm de diámetro y se coloca sobre una mesa o cualquier otra superficie similar. Es importante que los lanzamientos se efectúen dentro de este perímetro. Si cayeran fuera de los límites o al suelo, significaría mala suerte.

Se utilizan tres dados. Si los tres cayeran fuera del círculo en la primera tirada, se vuelve a probar. En caso de que ocurra de nuevo, significa que el momento no es favorable, y debe abandonarse la predicción por el momento.

El valor total de los tres dados en una tirada asigna el número del

mensaje adivinatorio, como los que se muestran en la siguiente lista extraída de fuentes tradicionales:

**Tres.** Buenas noticias inesperadas, un regalo, el comienzo de una época de suerte.

**Cuatro.** Decepción, circunstancias desagradables o mala suerte; actuar con precaución.

**Cinco.** Un deseo cumplido, un extraño que trae la felicidad, una nueva y duradera amistad.

**Seis.** Pérdidas económicas, amigos o seres queridos deshonestos.

**Siete.** Reveses, desgracia, escándalo o calumnia; guardar los secretos.

**Ocho.** Poderosas fuerzas externas; en el camino se presentan la culpabilidad, la justicia o la injusticia.

**Nueve.** Suerte en el amor o el matrimonio, reconciliación, una boda o algún otro tipo de celebración.

**Diez.** Un nacimiento, felicidad en el hogar; ascenso en la empresa.

**Once.** Separación, posible enfermedad, desgracia para el consultante o alguien cercano.

**Doce.** Buenas noticias, pueden llegar por carta o teléfono; asesorarse antes de dar una respuesta.

**Trece.** Pesar y tristeza, depresión y problemas.

**Catorce.** Llega la ayuda de un amigo, nace una nueva amistad o aparece un admirador.

**Quince.** Precaución; resistir tentaciones deshonestas, evitar disputas y calumnias.

**Dieciséis.** Movimiento, viajes agradables.

**Diecisiete.** Alguien provoca un cambio desde la distancia, ocupación, ánimo industrioso.

**Dieciocho.** El número más afortunado; conlleva éxito, riqueza, progreso y felicidad.

Para revelaciones más específicas acerca del futuro, existe un tercer método que proporciona significados más completos. Es necesario dividir en círculo en doce partes iguales y asignar una letra a cada una de ellas. Cada sección pertenecerá a un aspecto concreto de la vida, como explica la tabla siguiente:

**A** Año próximo
**B** Economía
**C** Viajes
**D** Aspectos domésticos
**E** Presente
**F** Salud
**G** Amor y matrimonio
**H** Cuestiones legales
**I** Estado emocional actual
**J** Profesión
**K** Amistad
**L** Enemigos

De nuevo se utilizan tres dados, pero en este sistema, los puntos de no se suman en cada tirada. En su lugar, se conjuga el número que cae en un sector determinado, de modo que se opera sólo con números del uno al seis. Éstos son sus significados:

**Uno.** Aspectos favorables, pero deben relacionarse con el conjunto de la lectura.
**Dos.** Éxito vinculado a las amistades.
**Tres.** Los signos favorecen el éxito.
**Cuatro.** Decepción y dificultades.
**Cinco.** Indicaciones propicias.
**Seis.** Inseguridad.

Pongamos por caso que se tiran los tres dados y cae un cuatro en la letra *F*, un seis en la *E*, y un dos en la *A*. La combinación cuatro/*F* podría significar problemas de salud en perspectiva, por lo que se recomienda una revisión médica. La seis/*E* retoma el tema, e indica un grado de inseguridad en la vida actual. La combinación de los dos pronósticos refleja que un desmejoramiento en el estado físico es dausa de dudas e inseguridad. Pero dos/*A* augura un desenlace favorable, y predice un año venidero lleno de cosas buenas, al tiempo que recomienda la relación social.

Al igual que la mayoría de técnicas adivinatorias, el lanzamiento de dados permite, e incluso alienta, la lectura de los propios significados en la caída de los cubos. Y, como ocurre generalmente en la predicción, no existe una evidencia empírica que demuestre su precisión. Aun así, hay relatos que autentifican la efectividad de los dados, como cabe esperar de un sistema adivinatorio que precede a su propia historia.

# El Dominó y el Destino

Aunque los dados son el más arcaico de los sistemas, el dominó se remonta a una respetable antigüedad. El primer registro escrito procede de la China del siglo XII, donde probablemente tuvieron un uso más profético que lúdico. En realidad, algunos anticuarios creen que el dominó, evolución de los dados primitivos, fue una variedad que se empleó con fines exclusivamente ocultistas.

Su uso adivinatorio todavía está muy extendido, especialmente en Corea y la India, y tanto en este último país como en China, combinan el juego con los augurios. Se creía que ciertas fichas daban suerte al jugador, sin tener en cuenta el desenlace de la partida.

El dominó, al parecer, llegó a Europa desde China, y en Occidente, las fichas adquirieron su nombre actual y una forma más moderna. A finales del siglo XVIII, alcanzó una gran popularidad en Italia, Francia e Inglaterra. Es bastante plausible que tomaran el nombre de una mascarada en blanco y negro llamada dominó, muy popular en Europa en aquella época, con la misma combinación de color que las fichas corrientes de ébano y marfil.

El dominó moderno suele ser de madera, marfil o plástico. El juego más común en Occidente consiste en veintiocho fichas rectangulares, con una de ellas completamente blanca y el resto marcadas con puntos en una cara. Cada ficha se secciona en dos partes, y las mitades que no son blancas llevan de uno a seis puntos. De esta forma se representan todas las combinaciones numéricas posibles, de la blanca doble al doble seis.

En su encarnación occidental, es más popular como juego que como instrumento de predicción. Aun así, las prácticas adivinatorias relacionadas con estas fichas se han desarrollado durante siglos, y perduran todavía hoy en día.

Para comenzar una lectura de dominó, hay que colocar todas las fichas boca abajo y proceder a removerlas. Para la predicción se utilizan tres fichas, que se pueden elegir de dos maneras diferentes. Se escogen tres fichas a un mismo tiempo o de una en una; se contabiliza el dominó seleccionado y se divide su mensaje, tras lo cual se devuelven a la mesa y se remueven de nuevo. El segundo sistema ofrece la posibilidad de elegir dos veces la misma ficha. Este caso indica un cumplimiento inmediato del mensaje.

En una sesión sólo deben utilizarse tres fichas y se aconseja no repetir la operación más de una vez por semana, o se corre el riesgo de que el resultado pierda todo su significado. Aquí se expone la interpretación tradicional de las diferentes combinaciones numéricas que se pueden encontrar en una sola ficha:

**Seis/seis.** La ficha más afortunada, prevé felicidad, éxito y prosperidad en todos los aspectos de la vida.

**Seis/cinco.** Estadio de mejora, presencia de un amigo íntimo o un cliente, señal de que una acción amable aumentará la estima en el sujeto; paciencia y tenacidad.

**Seis/cuatro.** Disputas, tal vez un pleito desafortunado.

**Seis/tres.** Viajes, diversión, vacaciones agradables; un regalo.

**Seis/dos.** Buena suerte y progreso, pero sólo para individuos honestos.

**Seis/uno.** Una boda; el fin de los problemas, tal vez, gracias a la intervención de un buen amigo.

**Seis/blanca.** Cuidado con los falsos amigos; sus chismes malintencionados pueden causar sufrimientos.

**Cinco/cinco.** Cambios que traen éxito, ocupación benéfica, dinero resultante de una idea nueva.

**Cinco/cuatro.** Suerte en lo económico, posibilidades inesperadas; evitar inversiones en estos momentos.

**Cinco/tres.** Calma, serenidad; un invitado; buenas noticias o consejo de gran ayuda por parte de un jefe o una visita.

**Cinco/dos.** Nacimiento, influencia de un amigo auténtico y paciente, actividad social y diversión.

**Cinco/uno.** Asunto amoroso o amistad nueva; posibilidad de finales desafortunados para aquellos que estén enamorados.

**Cinco/blanca.** Tristeza, necesidad de consolar a un amigo en dificultades, pero con tacto y precaución.

**Cuatro/cuatro.** Felicidad, celebraciones, descanso, diversión.

**Cuatro/tres.** Felicidad y éxito en lugar de las decepciones que se esperaban, posibles problemas domésticos.

**Cuatro/dos.** Cambio desafortunado, reveses, pérdidas, quizás un robo. Cuidado con las falsas relaciones.

**Cuatro/uno.** Problemas económicos en perspectiva, pago de deudas.

**Cuatro/blanca.** Malas noticias; desengaños amorosos, objetivos frustrados por el momento. Reconciliación.

**Tres/tres.** Obstáculos emocionales, celos, pero también indicios económicos favorables; una boda.

**Tres/dos.** Cambios agradables. Precaución,

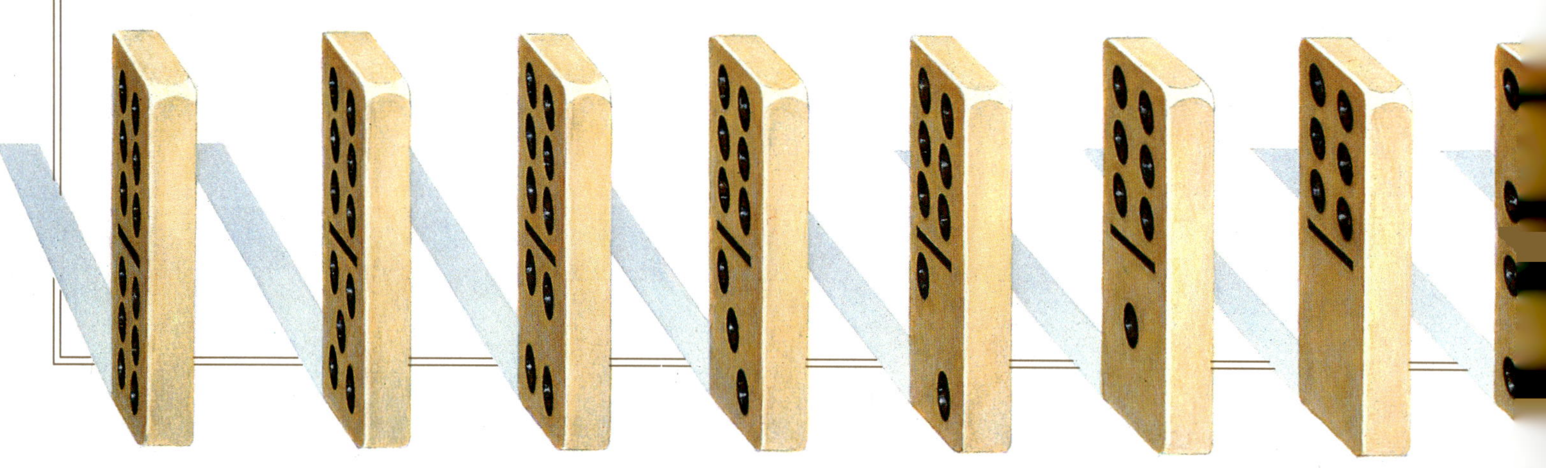

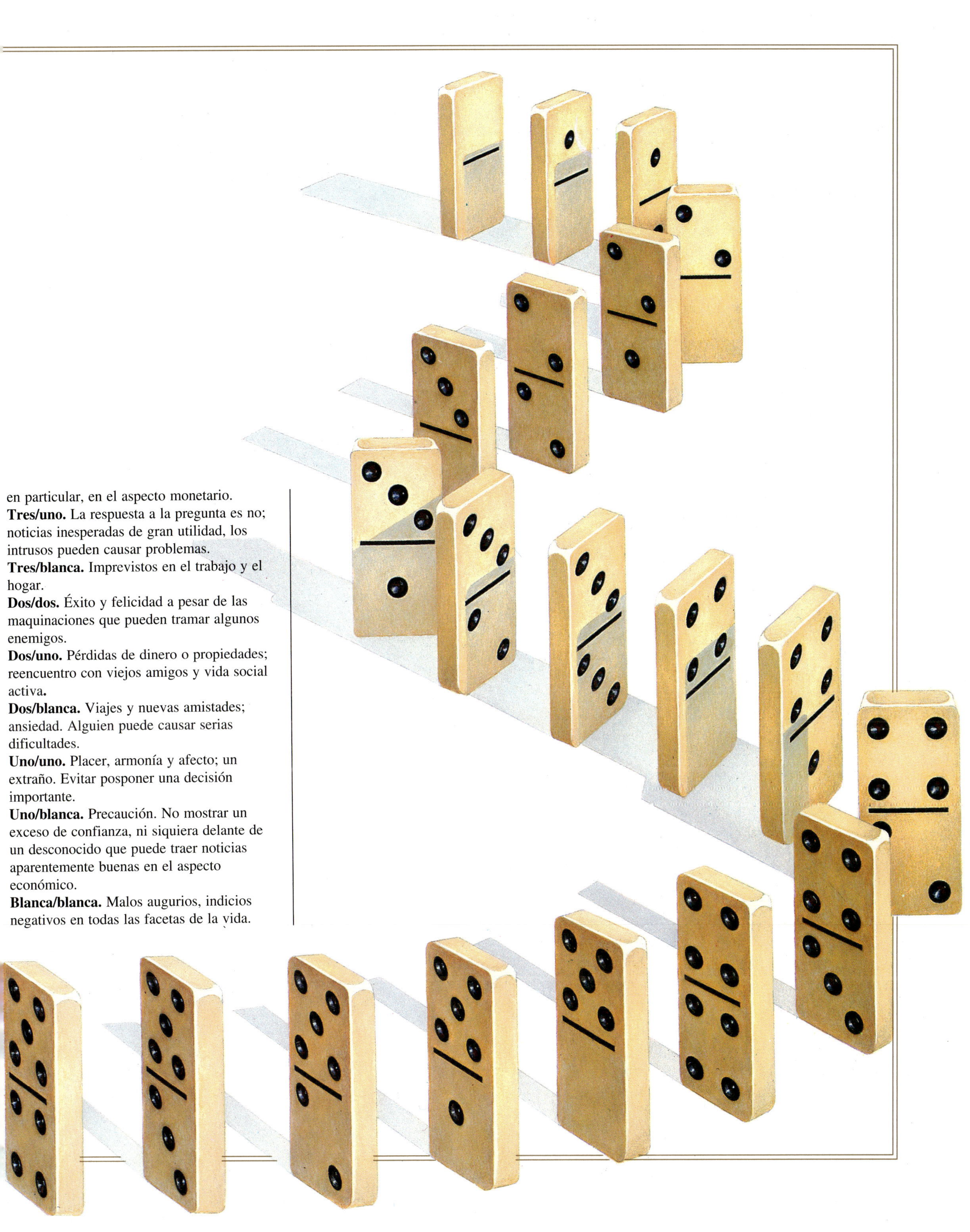

en particular, en el aspecto monetario.

**Tres/uno.** La respuesta a la pregunta es no; noticias inesperadas de gran utilidad, los intrusos pueden causar problemas.

**Tres/blanca.** Imprevistos en el trabajo y el hogar.

**Dos/dos.** Éxito y felicidad a pesar de las maquinaciones que pueden tramar algunos enemigos.

**Dos/uno.** Pérdidas de dinero o propiedades; reencuentro con viejos amigos y vida social activa.

**Dos/blanca.** Viajes y nuevas amistades; ansiedad. Alguien puede causar serias dificultades.

**Uno/uno.** Placer, armonía y afecto; un extraño. Evitar posponer una decisión importante.

**Uno/blanca.** Precaución. No mostrar un exceso de confianza, ni siquiera delante de un desconocido que puede traer noticias aparentemente buenas en el aspecto económico.

**Blanca/blanca.** Malos augurios, indicios negativos en todas las facetas de la vida.

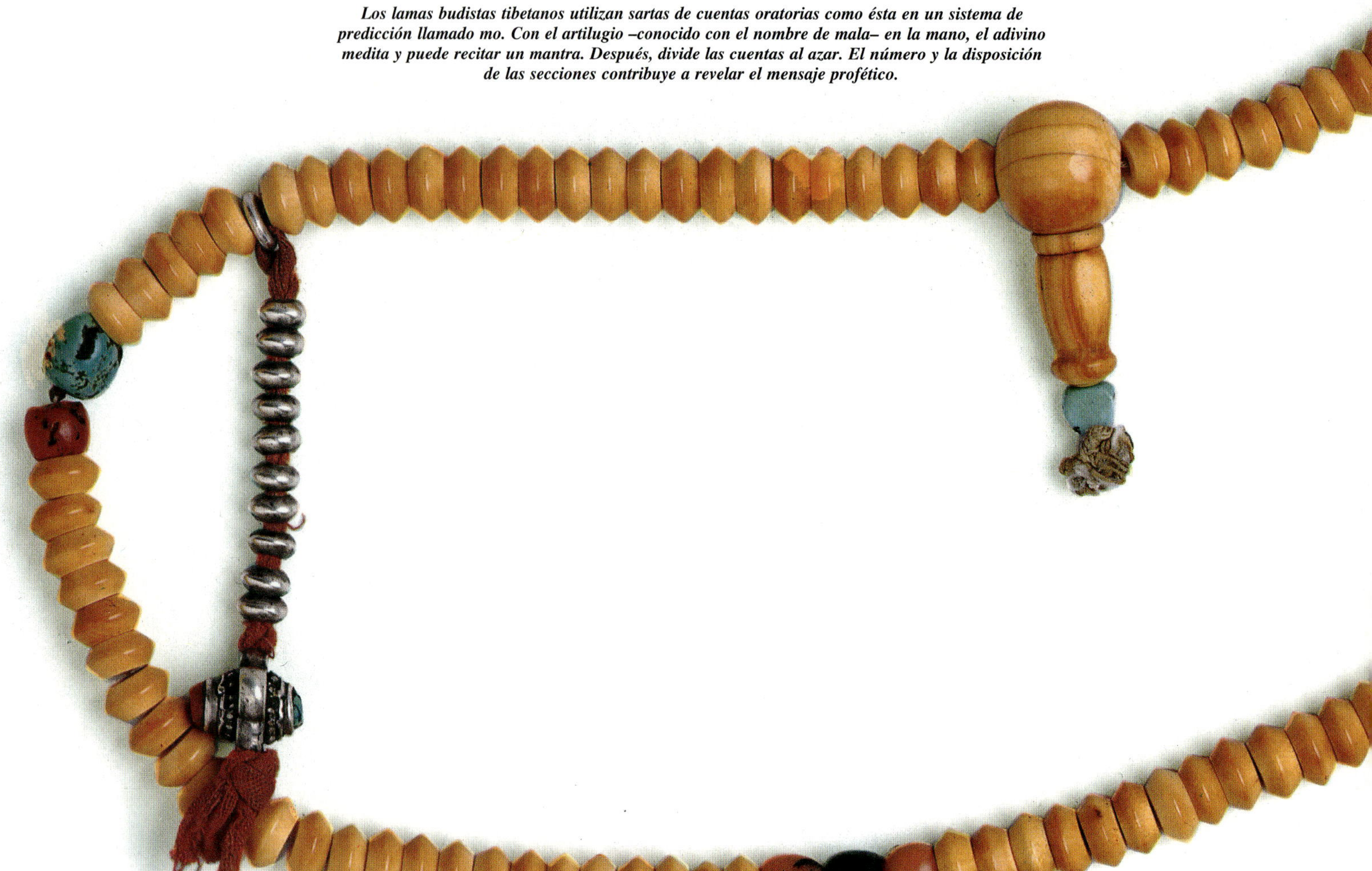



duce a un solo dígito por la técnica de asignar a cada letra su valor numérico y combinar después los valores obtenidos. Los números de dos dígitos se suman hasta reducirlos a un único dígito. Así, en numerología ocho más ocho no equivale a dieciséis, sino a siete, es decir, la suma de uno más seis.

Hay dos reglas generales aceptadas para convertir en números los nombres. La más simple y extendida es la moderna, la cual asigna a las letras del alfabeto números del uno al nueve en ciclos repetitivos. El otro método consiste en una tabla originaria del alfabeto griego y hebreo que asigna números del uno al ocho a las letras del alfabeto sin un orden concreto.

La ausencia del nueve en este procedimiento es deliberada. En la tradición hebrea, el nueve representaba a Dios, cuyo nombre era sagrado e impronunciable; no cabía la posibilidad de utilizarlo para fines numerológicos. Curiosamente, el nueve es invisible en la peculiar manera que tienen los numerólogos de hacer sus sumas: añadido a una secuencia de

números no afecta el total numerológico. Pero muchos practicantes modernos sostienen que omitir el nueve significa omitir ciertos resultados provisionales y errar en la identificación de ciertos patrones que constituyen la auténtica base del sistema numerológico pitagórico.

La suma de todas las letras del nombre de una persona revela a los numerólogos las cualidades y rasgos que el sujeto ha desarrollado más plenamente. Otros números, derivados de la fecha de nacimiento así como de las vocales y consonantes del nombre, arrojan indicios de la personalidad, el carácter y el destino.

Esta técnica se utiliza para obtener consejo y guía en toda clase de cosas, la mayoría relacionadas con su vida personal. Un individuo puede, por ejemplo, consultar las cartas para resolver si una posible pareja es compatible o para determinar si un cambio de empleo o un traslado a otra ciudad será provechoso. Por supuesto, no hay ninguna evidencia de que ese consejo sea válido y también es muy probable que los pi-

tagóricos y otros numerólogos antiguos, que consideraban los números indicadores de las verdades cósmicas, encontraron demasiado frívolas estas aplicaciones tan corrientes.

La numerología, con su énfasis en lo oculto, lo subjetivo y lo misterioso, no parece tener mucho en común con la ciencia, aparte de moverse principalmente en el ámbito de los números. Aun así, es posible descubrir ciertos paralelismos entre las dos.

En el mundo científico a menudo se ha recurrido a los números de un modo parecido a la adivinación. Tal es el caso del químico ruso del siglo XIX Dimitri Mendeléiev. Cuando clasificó los elementos químicos conocidos de acuerdo con su número de identificación –su peso atómico– observó que aparecían patrones marcados y distintos. Los elementos no sólo se adecuaban a la tabla periódica, como se llama hoy en día, sino que además las lagunas que quedaron en la tabla le indicaron la existencia de elementos que ni siquiera se habían sospechado.

Había descubierto un tipo de armonía basada en los números que sin duda habría complacido a Pitágoras. Científicos posteriores predijeron la existencia de planetas y partículas subatómicas por medio de la aplicación de principios matemáticos, los teóricos actuales en ocasiones se expresan en términos de universos paralelos y dimensiones múltiples, conceptos que parecen tan místicos como muchas declaraciones numerológicas.

Lo que la ciencia y el análisis místico comparten, aparte de la manipulación de los números, es un compromiso con el principio del orden universal. En realidad, la humanidad entera parece impelida a investigar la naturaleza y las consecuencias de ese orden. En tanto que Occidente ha progresado en una línea mecánica, las estresantes matemáticas y las llamadas ciencias puras, los pensadores orientales se han decantado por una aproximación más sutil, una forma de ver las cosas que les ha llevado a lo que, con toda certeza, es el sistema más complejo del mundo de utilizar los símbolos para sondear lo desconocido.

En 1962, un autor y estudioso británico llamado John Blofeld, afincado en Oriente durante muchos años, se inclinó hacia la venerable técnica de la adivinación con la esperanza de pronosticar la resolución de un conflicto fronterizo que llevaba mucho tiempo disputándose entre la India y China. Hacia el final de aquel año, un enjambre de soldados chinos avanzaron de pronto desde el Tíbet hacia la India, y en los primeros enfrentamientos a lo largo del límite tibetano derrotaron a sus mal equipadas tropas. Sus aliados fueron incapaces de proporcionar una ayuda oportuna, y la India quedó conmocionada y prácticamente indefensa ante sus atacantes.

En Bangkok, Tailandia, donde residía en aquel entonces, Blofel conoció por los periódicos el grado de creciente alarma y consternación. Durante sus años en China, se había familiarizado con el legendario *I Ching*, o *Libro de los Cambios*. Este críptico resumen de sabiduría oriental, que se conoce como el libro más viejo del mundo, cumplía una función como herramienta adivinatoria, y Blofeld poseía un ejemplar traducido; decidió utilizarlo para encontrar la respuesta a la urgente intriga por el futuro de la India.

Es poco verosímil que realizara la ceremonia tradicional en la consulta del *I Ching*, comenzando por la extensa gama de tipos y clases de tallos. Teniendo en cuenta su procedencia occidental, lo más probable es que empleara el método simplificado de echar tres monedas para conseguir una serie de seis números. Guiado por los preceptos del *Libro de los Cambios*, prosiguió y convirtió los números en una secuencia de líneas enteras y quebradas.

Obtuvo un resultado de seis líneas cortas dispuestas verticalmente en una figura llamada hexagrama. El *I Ching* contempla sesenta y cuatro hexagramas, y cada uno tiene un análisis concreto.

Pero la tarea del adivino no termina aquí. Cada uno de los trigramas, o figuras de tres líneas, que componen un hexagrama posee una identidad que debe ser observada, conjuntamente con los resultados de la relación entre los dos trigramas. Más aún, en el caso de que el hexagrama contenga lo que el complejísimo *Libro de los Cambios* denomina líneas móviles, debe dibujarse y tener en cuenta junto al primero un segundo hexagrama que contendrá el opuesto a estas líneas.

La figura que Blofeld creó con esta conversión numérica fue un hexagrama 48, que contiene dos líneas móviles; la segunda figura fue un 63. Procedió a reflexionar sobre los textos del *I Ching*. «El hexagrama 48 significa un pozo» –escribió años después–. «Mi conocimiento de la frontera indotibetana, donde el vasto Himalaya se declina abruptamente hacia la estéril llanura del norte de la India, me induce a comparar la India con el pozo, y me sugiere a los chinos mirando su interior desde arriba.

De los dos trigramas componentes, uno recoge el significado de «suavidad» o «ligereza» entre otras lecturas, mientras que el otro indica «agua». Si se interpreta el agua, el contenido de la fuente, como el pueblo de la India, me inclino a pensar que la suavidad o la ligereza representan su declarada política de no violencia y neutralidad.

Entre los epigramas de los comentarios, Blofeld encontró otras sentencias que parecían relacionadas con la cuestión que le atañía. Del primer hexagrama extrajo que el pozo «no sufre incremento ni descenso» y que aquellos que se bañaban en él pronto encontrarían la cuerda y verían roto su cántaro.

Una de las líneas móviles indicaba que no habría victoria, que era el momento de «ceder», en tanto que otra sugería que se conseguirían mayores ventajas si se perdía por haber cedido antes de ser obligados a la fuerza. El comentario más destacado del segundo hexagrama, que Blofeld interpretó como China, establecía: «Cierto es que la buena suerte acompañará el inicio, pero, al final, los acontecimientos se interrumpirán en medio del desorden, porque se acabará el camino.»

De este modo, Blofeld extrajo de su lectura del *I Ching* una respuesta que se contradecía con las crónicas del periódico tailandés, que auguraba una India a punto de ser invadida por una arrolladora fuerza superior. Contó a sus amigos que China detendría su incursión antes de descender a la llanura. Algunas semanas más tarde, se confirmó la profecía cuando China consintió en poner fin a las hostilidades.

En su valoración de la situación de la India, Blofeld sacó a la luz un compendio de conocimiento que ha sido venerado desde la antigüedad. Sus orígenes son míticos, su lenguaje lacónico, sus símbolos adivinatorios engañosamente simples. El entramado de relaciones que crean el emparejamiento de los diversos hexagramas y trigramas es en realidad tan complicado y abstracto que desafía la comprensión de los mortales. Al final de su vida, el filóso-

*Un adivino chino manipula tallos de milenrama yarrow que se echarán en un augurio del I Ching. Utiliza cincuenta palillos, entre ellos uno de reserva que no figurará en la lectura. Este método de gran complejidad es el favorito de los oráculos del tradicional I Ching.*

*Más sencillo que la combinación de varas (pág. opuesta), es este sistema moderno del I Ching que se compone de tres monedas. Cualquier moneda es válida, pero estos discos de bronce tradicionales de China se consideran ideales.*

fo chino Confucio señaló que si viviera otros cincuenta años, los dedicaría al estudio del *I Ching*.

Poco se conoce con seguridad de la procedencia del *Libro de los Cambios*, pero, por algún motivo, reemplazó gradualmente al hueso oracular de la adivinación en China. En este antiguo método, los sacerdotes inscribían símbolos sobre el caparazón pulido de una tortuga o la osamenta, cuidadosamente descarnada, del lomo de un buey; después le aplicaban calor hasta que se resquebrajaba. Los adivinos encontraban la respuesta a sus preguntas en el dibujo que formaban las grietas. Como las tortugas escaseaban y los bueyes eran caros, sólo los ricos podían permitirse este tipo de predicciones. Algunos historiadores conjeturan que el *I Ching* ganó aceptación y aumentó su popularidad porque era una alternativa barata y accesible.

Según cuenta una leyenda, el emperador chino Fu Hsi, que se cree que vivió hace 4.500 años, escribió el *Libro de los Cambios*. Algunas crónicas sostienen que Fu Hsi adivinaba los símbolos a través de dibujos que encontraba en la propia naturaleza; otras afirman que los trigramas se le revelaban en el caparazón de una tortuga sagrada.

tra historia narra que un comandante militar llamado Wen Weng escribió textos explicatorios para cada trigrama y hexagrama mientras cumplía condena alrededor del año 1000 a. C. Wen se convirtió en rey y, tras su muerte, su hijo, duque de Chou, agregó comentarios a las líneas individuales y al significado de cada posición dentro de los trigramas y hexagramas.

En los años que se sucedieron, fueron añadiéndose otras disquisiciones, entre las cuales, varias se atribuyen a Confucio. La mayoría de estudiosos parecen coincidir en que la difusión de *I Ching*, del que se servían en un principio los sacerdotes pera predecir el futuro, se remonta al año 1000-1500 a. C. en el período del la Era del Bronce en China. Pero la práctica no adquirió una dimensión filosófica hasta el siglo III, cuando un sabio chino llamado Wang Pi declaró que el *I Ching* no debía restringir su uso a la adivinación del futuro, sino que era una herramienta para buscar la sabiduría y la armonía espiritual.

Occidente apenas conocía nada acerca del *Libro de los Cambios* hasta que el estudioso británico James Legge lo tradujo al inglés en 1882. Desgraciadamente, el conocimiento occidental de las lenguas chinas antiguas era muy limitado en esa época, y, en consecuencia, la versión se resintió bastante. A principios de la década de 1920, un erudito y misionero alemán llamado Richard Wilhelm, que vivió muchos años en Beijing, tradujo el libro al alemán. Su versión despertó una enorme atención, debida en parte a la introducción que realizó para su obra el prestigioso psicólogo suizo Carl Jung, que había experimentado con el *I Ching*. Aunque se sucedieron numerosas versiones, la de Wilhelm se considera todavía la mejor.

Consultar el *Libro de los Cambios* en la antigua usanza requiere una gran atención y un ritual muy lento. El interesado no debe formular la pregunta personalmente, como hizo Blofeld, sino que ha de relegar la tarea a un adivino experimentado. Según las primeras crónicas del arte, que se remontan a algunos siglos antes de Cristo, los practicantes tienen que encender incienso en primer lugar y después sacar el libro venerado del sitio que ocupa en el estante, el cual se supone que como mínimo tiene que ubicarse a la altura del hombro por encima del suelo.

Una vez se ha desprovisto el libro de su envoltura protectora –el material más indicado es la seda– el adivinador tiene que llevarlo a una mesa y sentarse al sur del *I Ching*. En un recipiente al alcance de la mano, se deben disponer cincuenta tallos secos de milenrama. La interpretación sólo puede comenzar después de un entretenido procedimiento que consiste en manipular y clasificar las varas a fin de encontrar los números que indican la naturaleza de cada línea del hexagrama. Sin embargo, desde el siglo VI, echar las monedas se considera una alternativa aceptable a la combinación de los palillos. En cada tirada de tres monedas se obtiene un número que designa el tipo de línea del siguiente hexagrama.

Hay dos líneas básicas en el sistema de adivinación *I Ching* –las Yin, que consisten en dos rayas, y las Yang, que son enteras– que representan las dos fuerzas fundamentales del universo en continua lucha. De acuerdo con una filosofía que no sobrepasó la caída de la civilización china (y que inspiró al taoísmo y el confucianismo), todo lo existente es la combinación del Yin –lo negativo, femenino, el componente débil del universo– y el Yang, lo positivo, masculino, fuerte y poderoso. Todas estas combinaciones, y por tanto todas las cosas de la creación, se hallan en un estado de transformación eterna, en la que el dominio de las influencias se alterna.

El propósito de la ceremonia del *I Ching* es la identificación de las influencias Yin y Yang que actúan en el individuo o situación que se consulta. El objetivo de los comentarios consiste en mostrar el camino hacia la armonía con los elevados y rítmicos flujos de cambio que sostienen el universo y todo lo que en él ocurre. El *I Ching* no arroja predicciones rotundas, más bien sugiere posibilidades. Especula de forma críptica en el modo en que un «hombre superior» debe ponerse las circunstancias a su favor a través de la sabiduría y la conducta ética.

Pero un creyente de la era moderna que desee explicaciones de la actuación del *I Ching* no se encuentra limitado a los antiguos y míticos conceptos del Yin y el Yang. El psicólogo Carl Jung proporcionó una teoría que sostiene de otro modo el venerado sistema chino.

Durante la década de los 20 y los 30, Jung desarrolló su teoría del inconsciente colectivo, una psique universal que él apuntaba como depósito de ciertas imágenes –o arquetipos, como las llamó– comunes en el pensamiento de la humanidad. Creía que esas imágenes primordiales tenían el poder de afectar a las circunstancias humanas de acuerdo con un principio al que puso por nombre sincronismo: la coincidencia de acontecimientos similares pero que no aparentan una relación de causa-efecto.

Jung citó como ejemplo la ocasión en que una de sus pacientes, una mujer joven, describió un sueño que había tenido acerca de un escarabajo dorado, símbolo trascendental en la mitología del antiguo Egipto. Aún no había terminado su descripción, cuando un insecto casi idéntico se

posó en la ventana. El acontecimiento tuvo una marcada repercusión en su terapia y Jung lo atribuyó al sincronismo. De forma parecida, observó que los hexagramas del *I Ching* y los conceptos elementales que representan, como el nacimiento, la muerte, el fuego y el agua, guardaban una estrecha relación con las imágenes universales del inconsciente colectivo. El sincronismo regía la conexión entre hexagramas y sucesos reales, como en el caso del escarabajo del sueño y el real. Para probar sus ideas, experimentó con el *Libro de los Cambios* y «sentado en el suelo durante horas con el *I Ching* a mi lado» –como él mismo escribió–, realizó consultas y,

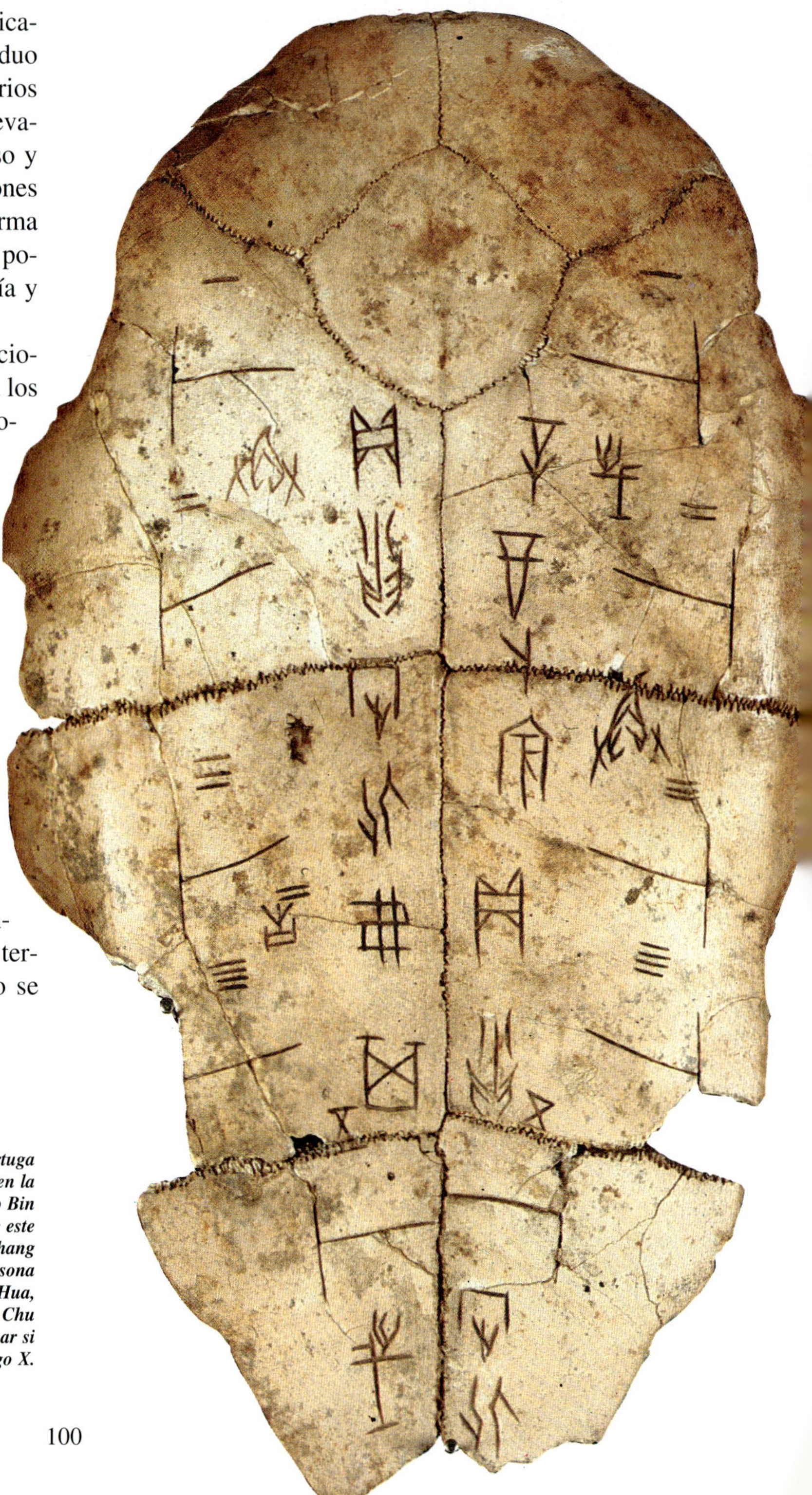

con frecuencia, recibió «innegables e importantes conexiones significativas.»

Como en el caso de la numerología, la consulta moderna del *I Ching*, cuanto más se populariza, más tiende a frivolizarse. Las inquisiciones sobre temas profesionales o amorosos son mucho más frecuentes que las consultas elaboradas, como las de Blofeld y Jung. Los detractores sostienen que las respuestas son demasiado oscuras y genéricas y se expresan en un lenguaje florido carente de significado objetivo. Los críticos denuncian las contradicciones entre las diversas traducciones de la lengua china antigua. Pero como ocurre con frecuencia en el tema de lo oculto, ninguna de estas críticas logra disuadir a los creyentes. La Princeton University Press informó de que su versión del Libro de los Cambios (basada en la traducción de Wilhelm) es su número uno en ventas.

Entre las diversas creencias en el poder de los símbolos como orientaciones del futuro, el *I Ching* rivaliza con el Tarot, otro popular sistema. Quizás no sea tan antiguo como el primero, pero es casi igual de complejo.

En el Tarot, un presunto adivino consulta una baraja de setenta y ocho cartas ilustradas de forma muy decorativa, de inmarcesible popularidad y atractivo misterio. Los lectores del Tarot se diferencian de los practicantes de la numerología y el *I Ching*, en que no se basan en números o imágenes seleccionadas para la situación; en su lugar, el significado se deriva de la forma concreta en que se distribuyen las cartas.

La interpretación de las cartas no es una tarea sencilla. A aquellos que quieran aprender la técnica se les recomienda meditar largo tiempo acerca de las cartas individuales de la baraja y en su multiplicidad de interrelaciones. Según una autoridad en la materia, estos estudios ayudan a construir un puente intuitivo entre el inconsciente del lector y el simbolismo de las cartas.

También en esta práctica interviene una buena dosis de ritual. Los adivinos consagrados, cuando no utilizan sus barajas, las envuelven en un recuadro de seda púrpura o negra y las guardan en una caja tapada de madera. Para conseguir resultados óptimos, la caja debe estar fuera del alcance de la vista y mirando al este, que se considera la dirección de la iluminación. Más aún, los curiosos distraídos no deben tocar jamás la baraja porque se dice que el Tarot responde a esta gente con predicciones desagradables e incluso espantosas.

En la práctica actual –pocas cosas han cambiado desde sus inicios–, el tarotista acostumbra a empezar por pedir al consultante que escoja una carta de la baraja del grupo de los Arcanos mayores, compuesta por veintidós cartas con imágenes extrañas y ominosas, como la del mago que mueve el brazo de forma extravagante o la del esqueleto que sostiene una guadaña. La carta elegida, llamada significador, influye en el conjunto de la lectura.

Acto seguido, el consultante baraja las cartas restantes –a menudo, aunque no siempre, incluye las sesenta y seis que componen los Arcanos menores– y las corta. Después devuelve la baraja al lector, quien destapa un número específico de cartas y las coloca en una disposición tradicional para proceder a su estudio. Una distribución muy corriente, conocida como cruz celta, cubre el significador con la carta superior del mazo, la siguiente, la cruza sobre ésta y, por último, distribuye cuatro cartas más arriba, abajo, a la izquierda y a la derecha del primer grupo. El conjunto de esas cartas define la situación del inquisidor y las fuerzas que actúan sobre él o ella. Se destapan cuatro cartas más y se colocan en columna a la derecha del grupo central. Las cuatro últimas contienen el mensaje profético, acerca del cual delibera el lector tras la consideración concienzuda del supuesto significado de cada carta *(págs. 124-127)*.

*El eminente psicólogo Carl Jung se dedicó a legitimar el Tarot y el I Ching. Creyó que ambos sistemas activaban imágenes existentes en el inconsciente de todas las mentes. También pensó que los dos métodos de adivinación podían ayudar a aclarar ciertas coincidencias de la vida que parecen desafiar el curso ordinario de causa y efecto.*

# Un Mundo de Yin y Yang

En Occidente, por norma general, la predicción no ha implicado voluntad y, por tanto, tampoco sentido moral. Se pronostica cierto destino inamovible, y no hay lugar para la elección que uno debe efectuar a fin de cumplir su augurio o minimizar sus errores.

Pero la adivinación a través del *I Ching* o *Libro de los Cambios*, tiene otro carácter. A la pregunta ¿Qué me acontecerá?, añade ¿Qué debo hacer al respecto? Si la respuesta es posible, también debe serlo la elección moral. De este modo, la adivinación toma una carga ética y la predicción se convierte en filosofía.

Se podría decir que la diferencia entre el pensamiento occidental y el oriental explica la dimensión adicional del *I Ching*. En cierta medida, la mente occidental ha tendido a entender la creación como un acto acabado, fijo y estático. No se puede modificar el pasado, el presente ni el futuro. Lo que es, es. Será lo que tenga que ser.

Pero en el alma de la filosofía china tradicional, existe la concepción de un universo en flujo, un acto creativo continuado e infinito. Lo que es, se está produciendo. Lo que puede ser, podrá ser. El futuro no es un hecho sino un potencial, y cualquiera que quiera indagar en el destino, está obligado a encontrar el modo apropiado de moldearlo.

El símbolo de este pensamiento centrado en la alteración de los potenciales se ilustra a la derecha en una antigua placa de portal que en un tiempo se utilizó para alejar a los demonios. En el centro de un círculo con los ocho trigramas básicos del *I Ching* se observa el embrión dual de los aparentes contrarios del Yin y el Yang –luz y oscuridad, macho y hembra, tierra y cielo, cuerpo y espíritu–, en realidad complementarios, fases distintas de una unidad esencial. Cada una necesita de la otra, y como indican los círculos que hay en el interior de los embriones, cada cual alberga la semilla del otro. En lucha, aunque en armonía, las dos partes fluyen de un lado a otro en un imponente ritmo cósmico.

Como sistema moral, el *I Ching* muestra el camino para que el individuo se armonice con el ritmo. Contempla el destino como unas tendencias y posibilidades en continua mutación que rigen actitudes y acciones morales realizadas en provecho propio.

## EL YANG

Las profecías occidentales a menudo son sencillas. Las del *I Ching*, por el contrario, siempre son oblicuas. Se expresan en símbolos que, a su vez, se esconden detrás de parábolas. La tarea del consultante consiste en adaptar estas parábolas a las circunstancias de su propia vida.

La base de la adivinación en el *I Ching* la constituyen sesenta y seis verticales en columnas de seis líneas llamadas hexagramas. El principio del Yin-Yang que sostiene este sistema se expresa en los dos tipos de líneas que componen el hexagrama, la línea entera del Yang y la quebrada del Yin. El Yang denota cielo, luz, fuerza primordial, masculinidad, energía, agresión, fortaleza, espíritu.

Los hexagramas se leen de la base al extremo superior. Todos tienen números y nombres. El primero, que consta de seis líneas Yang *(arriba)*, se llama *Ch'ien*, el Creador. Según la versión del *I Ching* de Richard Wilhelm y Cary F. Baynes, la presencia del *Ch'ien* en una lectura se interpreta de la siguiente forma: «Dragón oculto. No actuar. Dragón que aparece en escena. Fortalece al sujeto para ver al gran hombre. Durante todo el día el hombre superior es creativamente activo. Al crepúsculo, la mente todavía lo acosan las preocupaciones. Peligro. No hay culpabilidad. Vuelo oscilante sobre las profundidades. No hay culpabilidad. Dragón volador en los cielos. Fortalece para ver al gran hombre. Dragón arrogante será motivo de arrepentimiento.»

En la tradición china, el dragón simboliza la fuerza dinámica. De ahí que la primera línea del hexagrama signifique un gran hombre que, a pesar de no ser reconocido en su plenitud por el mundo, permanece fiel a sí mismo. El éxito o el fracaso mundano no le afectan, y espera su tiempo. En la segunda línea, entra en su esfera destinada y comienza a distinguirse a sí mismo. Su gran influencia favorece su visión. La tercera línea muestra al hombre en el proceso de adquirir fama y autoridad. Su energía está en equilibrio con su estadio, pero en su desarrollo se observa el peligro siempre presente de que la ambición supere a la integridad. Debe ser muy precavido si quiere permanecer sin culpa.

En la cuarta, el consultante llega a un punto de transición, en el que se impone la elección entre un papel destacado en el mundo o el retiro y la soledad necesarias para el propio desarrollo. El hombre alcanza la influencia universal y la esfera del propio cielo, en la quinta línea. El mero hecho de verlo constituye una bendición. Pero en la sexta y última línea, tan elevadas cimas han apartado al hombre de sus semejantes. Aprende que la ambición desmesurada puede conducir al fracaso.

El juicio oracular para aquel que recibe este hexagrama es: «Los trabajos del Creador subliman el éxito, se progresa a través de la perseverancia.» Significa que el consultante será depositario del triunfo de las profundidades del universo, siempre que persista en hacer el bien.

## EL YIN

Fiel al concepto de flujo eterno, las seis líneas yang del *Ch'ien* se transforman en el preciso momento en que aparecen. El hexagrama se metamorfosea en su opuesto complementario, *K'un*, el Receptor.

El *K'un*, segundo hexagrama del *I Ching*, se compone de seis líneas Yin *(arriba)*. El Yin representa el poder femenino primordial del universo –oscuridad, rendición, pasividad– el Receptor que completa al Creador. Los dos tienen la misma importancia, pero el Receptor es un poder benigno sólo cuando acepta la subordinación en la jerarquía cósmica. El Yang es celestial y espiritual, el Yin terrenal y sensual. Cada uno necesita al otro, pero sólo uno puede ser el principal.

El mensaje oracular del *K'un* es: «Cuando el suelo está escarchado, el hielo no anda lejos. Rectitud, cuadratura, grandeza. Sin propósito, incluso cuando nada parezca inalcanzable. Líneas ocultas. Capacidad de perseverancia. Si por azar uno se encuentra al servicio de un rey, no deben buscarse tareas, sino brindar conclusiones. Un saco desatado. Ni culpabilidad ni elogio. Una prenda interior amarilla, trae muy buena suerte. Los dragones vuelan en la pradera. Su sangre es negra y amarilla.»

La primera línea evoca la inevitabilidad de la muerte, pero también recuerda que la precaución oportuna impide la decadencia. Una metáfora geométrica de la tierra (cuadratura) y del principio creativo (rectitud) emerge en la segunda línea. Indica la infalible lógica de la creación, cuya grandeza reside en la capacidad de tolerar por igual a todas sus criaturas. La humanidad debería tomar ejemplo de la naturaleza. La tercera línea advierte que el hombre sabio tiene que rehuir la fama y ocultar sus talentos mientras adquieren madurez. La cuarta aconseja contención y soledad, para evitar que enemigos muy fuertes causen perjuicios. En la quinta línea, el amarillo simboliza la tierra y las cosas sinceras y dignas de confianza, mientras que la ropa interior indica una reserva noble. El mensaje dice que el auténtico refinamiento reside en la discreción y la contención. La sangre negra y amarilla de la última línea revela una discusión antinatural entre cielo y tierra, perjudicial para ambas partes.

El consejo del *K'un* es que la tarea de uno no es dirigir, sino alcanzar, como un subordinado. Aceptar el consejo y armonizarse con el propio destino, utilizando como guía el equilibrio y la simetría de la naturaleza.

Los detractores del *I Ching* arguyen que en sus crípticos hexagramas es posible leer prácticamente cualquier significado. Los defensores, sin embargo, sostienen que esta ambigüedad inherente es también su mayor poder.

Abundan las historias de individuos a quienes las misteriosas cartas predijeron la fortuna. Es conocido el caso, en el siglo XVI, de Henry Cuffe, autor, estudioso y secretario en Inglaterra de Robert Devereux, segundo conde de Essex. Según se desprende de diversas crónicas, quiso conocer su destino, se dirigió a un lector del Tarot, y, cuando éste le dijo que no moriría de muerte natural, quiso conocer más detalles. El lector le pidió que escogiera tres cartas del mazo y las colocara boca abajo; después, si todavía quería más información, todo lo que tenía que hacer era destaparlas de una en una.

La primera mostraba unos guardias que custodiaban a un hombre. La segunda ilustraba la escena de un juicio en un tribunal. En la tercera se observaban las imágenes de una horca y un colgado. Al parecer, a Cuffe le hizo gracia la última carta, y se echó a reír con ganas. Nadie sabrá si lo que en ella vio fue una broma o una ironía, pero el 13 de marzo de 1601, fue declarado culpable de confabulación con el conde de Essex para conspirar contra la reina Isabel I. Al atardecer de ese mismo día, lo llevaron a la horca y lo colgaron.

Como ocurre en tantas narraciones sobre el misterio y lo oculto, el relato de la consulta de Cuffe a un lector de Tarot puede tener un carácter apócrifo. De hecho, las cartas no se volvieron a utilizar para fines adivinatorios hasta bastante tiempo después de su muerte. No obstante, durante siglos han circulado historias sobre la espeluznante exactitud de las cartas del Tarot, en particular las que se relacionan con muertes no naturales.

No se puede precisar con certeza el origen de esta técnica ni el de la predicción a través de los naipes clásicos, también utilizados en cartomancia, o cualquier otra modalidad adivinatoria relacionada con las cartas. El juego de cartas, al parecer tuvo su inicio en China o Corea en algún momento del siglo X o XI a. C., tal vez vinculado a la aparición del primer papel moneda, cuyos designios son similares a los de algunas cartas. Algunos siglos después, su uso se extendió a Europa. Un monje alemán escribió en un monasterio suizo el año 1377, refiriéndose a un nuevo juego: «Nos ha llegado este año»; ésta es la primera referencia que se conoce del juego de cartas en Occidente.

Las cartas del Tarot no aparecen en la historia escrita hasta mediados del siglo XV, cuando al joven duque de Milán le fue presentada una baraja pintada a mano. Aunque no se menciona su procedencia, no cabe duda de que en aquella época no constituían una novedad. Esta observación ha levantado algunas especulaciones acerca del origen italiano de las cartas, conclusión que refuerza el hecho de que dos barajas medievales italianas –*tarrochi* y *minchiate*– guardan una importante similitud con el Tarot, tanto en número como en figuras.

En tiempos más recientes, varios investigadores han intentado trazar la etimología del Tarot, a base de examinar diversos lenguajes a fin de encontrar palabras clave. Algunos han declarado que proviene del antiguo *taru* del Indostán,

voz que significa «baraja de cartas», mientras otros aseguran que viene de *tarotee*, palabra francesa que se supone se refiere al diseño del dorso de las cartas. También se ha propuesto que el nombre procede del primer lugar en que se cree que apareció: una región de Italia septentrional próxima al río Taro. En cuanto al propósito inicial de las cartas, las evidencias indican que descienden de un juego instructivo medieval muy extendido que utilizaba cartas decoradas con fines memorísticos. Sin embargo, no hay ninguna certeza al respecto, y existen muchas otras finalidades más exóticas que atraen a los interesados en el mundo de lo oculto.

lgunos sostienen que el origen del Tarot se remonta a los gnósticos, una secta cristiana herética que floreció en el siglo II y prácticamente desapareció en el siglo III, pero cuyas ideas sobrevivieron largo tiempo después. Los gnósticos, que tomaron su nombre de la palabra griega *gnosis* (conocimiento), creían que las cosas materiales eran creación del Diablo y el alma humana o Divinidad se hallaba aprisionada en el cuerpo, y se podía liberar sólo a través de un proceso de iluminación. Tomados en secuencia, los Arcanos mayores del Tarot, se interpretaron como una representación de los principios del gnosticismo, comenzando por el Loco, símbolo de la ignorancia humana en lo que se refiere al poder divino que encierra su interior, y terminando con la ascensión espiritual hacia los cielos que representa la carta del Mundo.

Cualesquiera que fueran sus orígenes, las cartas del Tarot contienen imágenes que han tenido repercusión a través de todas las épocas. En ellas es posible encontrar conceptos cristianos, escandinavos, islámicos y celtas. La carta del Juicio, por ejemplo, sugiere la Apocalipsis bíblica, en tanto que en la Torre alcanzada por el rayo se observan reminiscencias de la forja de Thor, dios escandinavo del trueno. En realidad la universalidad de los símbolos en el Tarot es tal que los que lo practican siempre son capaces de encontrar en las cartas aquello que desean.

El Tarot tuvo una relativa popularidad durante el renacimiento. Más tarde, en el siglo XVIII, la reconocida sabiduría de los egipcios de la antigüedad fascinó a los estudiosos. Los jeroglíficos no se habían descifrado todavía y la especulación sobre su significado era irrefrenable. Quizá fue inevitable que alguien fijara los límites entre el Tarot y Egipto, y de ese modo despertara un nuevo interés por las coloristas cartas.

En 1781, Antoine Court de Gébelin, autor y teólogo francés, advirtió la extravagancia de la baraja de cartas con la que jugaban algunos amigos. Las examinó con creciente fascinación e, inmediatamente, afirmó que procedían de Egipto. Según su explicación, los cuatro palos de los Arcanos menores representaban las cuatros clases integrantes de la sociedad egipcia. El nombre del juego lo atribuyó a la combinación de dos palabras del antiguo imperio: *tar*, o «calzada», y *ro*, o «rey», de aquí, «camino real». Teniendo en cuenta las

ideas predominantes del momento, la teoría parecía perfecta-
mente plausible.

No mucho después que Gébelin publicara su obra, un parisiense con el nombre de Alliette, fabricante de pelucas me-
tido a adivino, contribuyó a ampliar la conexión con Egipto.
Con el pseudónimo de Etteilla –su nombre deletreado al revés– afirmó que los Arcanos mayores eran obra de diecisiete
magos al servicio de Hermes Trimegisto, o Thoth, dios egipcio de la sabiduría y la magia. Por expreso deseo de esta divinidad, todo su conocimiento secreto debía reflejarse en lá-
minas de oro.

Los magos cifraron estos conocimientos en ilustraciones,
las cuales reunieron en un libro completo cuyo nombre original era *Libro de Thoth*. Aunque el método de lectura del Tarot que utilizaba Alliette se extendió con rapidez y se aceptó
ampliamente, los ocultistas que le sucedieron ridiculizaron
las fantasiosas exposiciones del adivino francés en relación
con el origen de las cartas.

No obstante, otros retomaron el tema egipcio y teorizaron
sobre el origen de las cartas, que situaron en la época de las
cruzadas, cuando las tropas cristianas se encaminaron hacia
Oriente y permanecieron largo tiempo en el país mientras
asediaban ciudades con la esperanza de liberar Tierra Santa
de los infieles. Los sacerdotes egipcios, decidieron preservar
sus bibliotecas de saber oculto, y tramaron una estratagema
desesperada en un intento de salvarlos. Representaron su sabiduría secreta en imágenes y símbolos que inscribieron en
cartas, y entregaron la baraja a un jugador pasajero experto
en trampas que, sin duda, eludiría al enemigo. Existe la
creencia en que el antiguo conocimiento sobrevivió convertido en un producto accesible a futuras generaciones, destinado a aquellos lo bastante sabios como para descifrar los símbolos del Tarot.

A mediados del siglo XIX, el interés en Egipto había men-
guado un poco entre los estudiosos de los arcanos. Pero la
fascinación por la Cábala hebrea iba en aumento, y el Tarot,
con su marcada capacidad de adaptación, pronto se aplicó a
otra creencia.

En 1856, el francés Éliphas Lévi dio luz a una obra en
la que relacionaba cada uno de los cuatro palos del Tarot
con las cuatro letras de *YHWH*, el impronunciable nombre
de Dios en el Antiguo Testamento. Combinó este sistema
con ciertos aspectos de la numerología, dedujo un significado adicional de la coincidencia entre los veintidós Arcanos mayores del Tarot y las veintidós letras del alfabeto
hebreo.

La letra aleph, por ejemplo, era la primera del alfabeto y
también representaba el número uno. Como Lévi escribió, el
aleph se asociaba a ser, mente, hombre, Dios y «la madre
unidad de los números.» Afirmó que la carta del Juglar, cuya
postura recordaba la forma del aleph, simbolizaba todas estas
características. De forma similar, señaló que, del mismo
modo que la Cábala abarcaba el conocimiento secreto del

*Esta ilustración del Loco del siglo XV pertenece
a uno de los primeros tarots. Es de estilo
veneciano y se desconoce al autor.*

mundo entero, el Tarot era una síntesis de todo lo que la humanidad podía aspirar aprender.

A pesar de una carencia total de evidencias –no estableció ninguna relación demostrada entre la Cábala y el Tarot– la interpretación de Éliphas Lévi ganó adeptos entre los ocultistas europeos. Durante casi veinte años después su fallecimiento en 1875, París, su ciudad natal, continuó siendo el centro más importante de actividades ocultistas, y la frecuentaron Stanislas de Guaita, amante de la poesía y la magia y consumidor habitual de drogas, y su amigo Gérard Encausse, más conocido como Papus. Los dos hombres estaban muy influidos por Lévi, en especial Papus, que describió el Tarot como «el libro de la primitiva Revelación de las civilizaciones arcaicas, el libro más antiguo del mundo» y sugirió que «condensaba en unas cuantas leyes de gran sencillez el conjunto de todo el conocimiento adquirido.»

La influencia de Lévi también se extendió a Inglaterra. En Londres, en 1888, S. L. MacGregor Mathers fundó una sociedad ocultista llamada Orden Hermética del Crepúsculo Dorado, entre cuyos numerosos miembros se encontraban el poeta W. B. Yeats y el escritor Bram Stoker, que lograría la inmortalidad gracias a *Drácula*, su famosísima novela gótica.

El Crepúsculo Dorado amplió las teorías de Lévi en un sistema comprensible que estudiaba y enseñaba el Tarot como parte integral de diversas prácticas ocultas como los ritos mágicos, la alquimia o la numerología. Mathers presidió la sociedad hasta que sus miembros lo expulsaron en 1900 por su autocrática disciplina. Cuando abandonó la orden, los maldijo a todos.

Como mínimo un miembro del Crepúsculo Dorado, el historiador y ocultista Arthur Edward Waite, fue más realista que sus colegas y desmintió la mayoría de meditaciones sobre la misteriosa procedencia del Tarot y su carácter puramente fantástico. «El primer punto a observar en la historia del Tarot –afirmó– es que tal historia no existe». Pero al tiempo que calificaba de «disparate adivinatorio» el uso profético de las cartas, defendía que bien podían ser portadoras de algún antiguo saber. Escribió un libro en el que conectaba los cuatro símbolos de la leyenda del Santo Grial –la copa, la maza, el escudo y la espada– con los cuatro palos del Tarot. También diseñó una de las barajas del Tarot más conocidas *(págs. 120-121)*.

El más controvertido miembro de la Orden Hermética del Crepúsculo Dorado fue, sin duda, el incontenible Aleister Crowley, que practicó la demonología, así como diversos tipos de ritos mágicos. En una ocasión, la prensa calificó a Crowley, imponente personaje fotografiado frecuentemente con exóticos atuendos, como «el hombre más malvado del mundo», título que él adoptó encantado. Entre muchas otras creencias, estaba convencido de ser la reencarnación de Éliphas Lévi.

Crowley nació en Inglaterra en 1875 en el seno de una familia extremadamente estricta y religiosa. Siendo niño se re-

*Este triunfo del Mundo formaba parte del Tarot de la familia Visconti-Sforza, gobernantes renacentistas de Milán.*

beló contra el cristianismo de sus padres, y aceptó con entusiasmo la acusación de su madre de ser la reencarnación de la Gran Bestia o 666, el Anticristo que profetiza el Antiguo Testamento. Declaró una guerra personal al cristianismo e insistió en que ésa era su auténtica misión a través de sucesivas reencarnaciones.

A los veinte años, aseguró que había experimentado la presencia de un terrible poder místico, y, a partir de ese momento, dedicó su vida al estudio de lo oculto. Viajó por todo el mundo y sedujo tanto a hombres como mujeres y, en ocasiones, llegó a persuadir a sus amantes para que representaran a su personaje predilecto, la Mujer Escarlata de la Biblia, también llamada Madre de las Rameras.

n 1944, tres años antes de su muerte, publicó una guía de sus teorías místicas acerca del Tarot en una breve edición limitada de una obra conocida como *Libro de Thoth*. En ella, ponía de relieve la imaginería erótica de los Arcanos mayores; esta interpretación no era completamente nueva, pero nadie con anterioridad había sido tan explícito. Otros ocultistas habían observado la espada y las escamas en la mujer de la carta de la Justicia como símbolos sexuales masculinos, pero Crowley, siempre alerta a las posibilidades eróticas, renombró la carta «Mujer Satisfecha».

Aquellos que rechazan el Tarot y otras formas de adivinación simbólica, a menudo señalan extravagancias como las de Crowley y se apoyan en sus fundamentos. En realidad, la mayoría de devotos de la numerología, el *I Ching*, y otros similares, con frecuencia son tentador objeto de ridiculización. Incluso algunos practicantes serios tienen que ponerse a la defensiva a la luz de ciertas investigaciones recientes.

Por ejemplo, en un experimento en grupo que se realizó conjuntamente en Carolina del Norte e Inglaterra en 1983, los voluntarios participaron en lecturas individuales del Tarot sin ser informados del detallado análisis caracterológico que se efectuaba a través de las cartas. Después, se requirió a los individuos que escogieran su análisis entre las del resto del grupo. La mayoría fueron incapaces de determinar el que les pertenecía.

Otras pruebas indican que una lectura o consulta no produce prácticamente ningún resultado a menos que exista un contacto directo, cara a cara, entre el sujeto y el adivino. Suele tomarse como hecho irrefutable que lo que afecta al individuo no es la eficacia de los símbolos ni el método utilizado, sino el talento dramático del lector.

Los simpatizantes desmienten estas críticas. Sostienen que olvidan la conexión subconsciente entre el consultante y el adivino, esencial para la iluminación. En esta apreciación, el sistema –barajar las cartas, manipular varas, sumar números, dibujar hexagramas y otros similares– debe considerarse una ayuda a la meditación y la comunión, no como una simple clave para leer respuestas. Un punto de vista muy compartido afirma que el Tarot, por ejemplo, es tan legítimo como el test Rorschach, ampliamente aceptado, en el que se pide al sujeto que comente lo que observa en diferentes manchas de tinta. El Tarot, y tal vez el *I Ching*, sustituyen con imágenes simbólicas los borrones amorfos, a fin de liberar la mente del individuo para realizar asociaciones y conexiones significativas.

Pero en definitiva, este debate parece ejercer escaso efecto en aquellos sistemas adivinatorios que manifiestan una gran tenacidad. Ni el rechazo social ni la condena religiosa han conseguido desalentar a sus adeptos en el pasado, y es poco probable que lo consigan en el futuro. Para aquellos que creen, estos sistemas proporcionan un vislumbre del orden cósmico, un punto de contacto con las fuerzas más profundas del universo. ¿Por qué motivo deberían renunciar a un obsequio como éste?

# La Magia del Tarot

La certeza se escapa al complejo, controvertido y complicado Tarot. Sin embargo, los adeptos comparten la creencia en que las cartas tienen un doble significado. Son a un tiempo místicas y adivinatorias.

Su presunta naturaleza oculta reside principalmente en los veintidós Arcanos mayores o Triunfos. Se consideran una alegoría del viaje del alma de la ignorancia a la iluminación, de la estancia humana en la vida, o la llave mística de los secretos del universo y el lugar que en él ocupa el hombre. Para los cientos de personas que creen en este poder, el Tarot sirve también para evaluar el pasado, elucidar el presente y predecir el futuro. Tanto los Arcanos mayores como los cincuenta y seis Arcanos menores, que se dividen en palos de bastos, copas, espadas y oros, se utilizan para lecturas adivinatorias. Algunos dicen que las cartas abren la conciencia psíquica del lector, del consultante, o de ambos. Otros afirman que tienen un significado propio, intrínseco y absoluto.

Pero, ¿cuál es su significado? En la actualidad se usan cientos de Tarots diferentes, de forma que la interpretación de las cartas varía de baraja en baraja y de lector en lector. Cada adivinador —y, de hecho, cada sujeto— imprime su propia huella a las cartas. Además, la interrelación en la disposición de las cartas y su colocación destapada o cubierta puede alterar su significado. En las quince páginas siguientes se muestran las setenta y ocho cartas de la Arcana Mayor y Menor, extraídas de las barajas más representativas, junto a algunos de sus supuestos significados místicos y proféticos.

0 The Fool

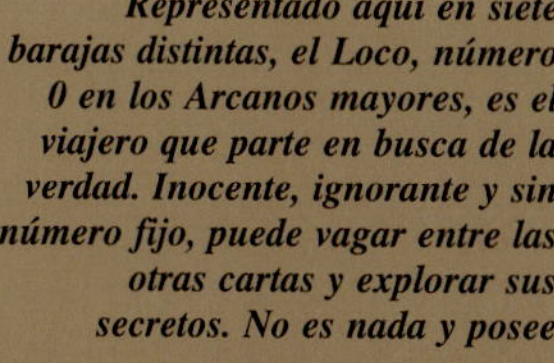

*Representado aquí en siete barajas distintas, el Loco, número 0 en los Arcanos mayores, es el viajero que parte en busca de la verdad. Inocente, ignorante y sin número fijo, puede vagar entre las otras cartas y explorar sus secretos. No es nada y posee potencial para todo. En cuanto a su significado en la predicción, del derecho, denota inmadurez y juico apresurado o poco reflexionado. Invertido, significa malas elecciones, dudas, apatía y negligencia.*

THE FOOL

# El Tarot del Renacimiento

Los estudiosos serios consideran los Arcanos Mayores el mapa del alma en la búsqueda de su propia conciencia y la integración en el todo cósmico. Afirman que las cartas son herramientas, y una meditación concienzuda puede desvelar verdades místicas.

Los ocultistas modernos de tendencia psicológica imprimen al proceso su propio sello. Dividen las veinticuatro cartas numeradas de los Arcanos mayores en tres grupos que simbolizan la conciencia, el subconsciente y la superconsciencia. Las siete primeras cartas –la conciencia– describen los aspectos externos de la vida, la realidad social y material, la matriz física de la vida. Las siete siguientes miran hacia el interior y buscan la contemplación del autoconocimiento, y las últimas –la superconsciencia– son la llave de la iluminación espiritual.

Las cartas del I al VII, como las que se muestran en estas páginas, pertenecen a la presunta baraja Renacentista, obra prerrafaelita de Brian Williams, artista e ilustrador estadounidense que trabajó en ella nueve años, hasta completarla en 1987.

**I. El Mago.** Se conoce con distintos nombres –Juglar, Magus, Charlatán– y su naturaleza mercurial abarca el instinto y el intelecto, lo sublime y lo mundanal. Es un maestro de la manipulación, un timador y un tramposo, pero tal vez también un sabio que hace milagros. En adivinación indica destreza, habilidad, ingenio, elocuencia, el dominio de la ciencia arcana. Del revés significa fraude y engaño, demagogia, sofismo, mentira, técnica corrupta, trucos fáciles.

**II. La Sacerdotisa.** Guardiana de los misterios, señora del conocimiento oculto. Su sabiduría es femenina, creativa, intuitiva, espiritual e irracional. En la predicción refleja influjo femenino, poder pasivo, el equilibrio cíclico de la naturaleza, la magia y el arte de la curación natural. Puede pronosticar cambio, revelación de un secreto, o la dilucidación de un problema. Del revés, advierte contra la irracionalidad y delata ofuscación.

**III. La Emperatriz.** La Emperatriz representa la Madre Diosa y la Madre Tierra, fértil, generosa y nutriente. Abarca soberanía y placer mundano, así como poder femenino, amor, belleza, lujuria, estabilidad y bienestar. También es una influencia civilizadora y un símbolo de vida hogareña, niños, crecimiento, creatividad y prosperidad. Invertida indica exceso de vida casera, discordia familiar, matriarcado dominante, estrechez de mente burguesa, disipación, celos, inseguridad, problemas sexuales o profesionales.

**IV. El Emperador.** Símbolo masculino y figura patriarcal, consorte de la Emperatriz. Denota poder temporal, éxito profesional o político, estatus social, racionalismo, voluntad, energía y resolución. En el lado negativo, también puede significar guerra y conquista. Normalmente es propicio a un consultante masculino y presagia ambiciones satisfechas a base de imponer la personalidad. Sin embargo, su presencia en la lectura de una mujer, sugiere un hombre dominante. Invertida, señala despotismo, pomposidad, indulgencia con uno mismo, o puede advertir contra la debilidad.

**V. El Hierofante.** También conocido como Papa o Sumo Sacerdote, gobierna el reino espiritual. Es el equivalente masculino de la Sacerdotisa, y su esfera es la del conocimiento racional, el intelecto creativo, la inspiración, la intuición, el orden establecido, la tradición religiosa, el conocimiento oculto. Pronostica la adquisición de una comprensión profunda y puede representar un maestro o consejero importante. La carta invertida predice dogmatismo, rigidez y elucubración decadente; previene contra las mentiras y los malos consejos.

**VI. Los enamorados.** El simbolismo evidente de esta carta abarca amor, pasión, tensión entre carne y espíritu, y, además, responsabilidad para elegir. En un plano más místico, la carta de los Enamorados denota inspiración, impulso, dotes físicas y creatividad. Refleja la unidad dualizada, masculino y femenino que se complementan. En adivinación, sugiere noviazgo, relación profunda o matrimonio. Del revés, indica mala elección amorosa, dificultades sexuales, infidelidad o amor desdichado o no correspondido.

**VII. El Carro.** La imagen de dos caballos que arrastran un carro sugiere una metáfora entre macho y hembra; la femineidad pacífica que aplaca el belicismo masculino, o la seducción femenina que debilita la energía masculina. También significa movimiento, viajes, realización de un objetivo, consecución de un hito importante en el campo material. Indica triunfo, buena salud y éxito, aunque puede ser temporal. Invertida señala crueldad, intimidación y derrota.

# El Tarot de las Brujas

En su viaje metafísico, el Loco se encuentra con siete cartas del Tarot de las Brujas, baraja contemporánea que diseñó el surrealista escocés Fergus Hall.

En su viaje metafísico, el Loco se encuentra con siete cartas del Tarot de las Brujas, baraja contemporánea que diseñó el surrealista escocés Fergus Hall.

El enciclopedista del tarot Stuart R. Kaplan sugiere que estas cartas tienen un significado especial para las brujas, quienes se supone que las utilizan con frecuencia con fines premonitorios. Kaplan ha escrito que la Sacerdotisa preside y completa el círculo de trece brujas, corro cuyas integrantes corresponden a ciertas cartas de los palos del Tarot. Situada dentro del círculo mágico oculto de la brujería, emblema del universo, la Sacerdotisa protege y gobierna esta esfera con benevolencia y sabiduría. El autor escocés afirma también que los cuatro puntos cardinales del círculo equivalen a los cuatro palos de la baraja: las espadas representan el Norte, los bastos el Sur, las copas el Este y los oros el Oeste. Se dice que el centro de la rueda, donde intersectan las líneas que parten de los puntos cardinales, es un foco sagrado de inmenso poder, que simboliza el conjunto de Arcanos mayores.

**VIII. La Justicia.** Según la baraja de las Brujas, esta carta benéfica responde a su nombre, y denota equidad, imparcialidad, armonía y equilibrio. Conlleva los significados adicionales de honor, integridad, sinceridad, virtud y virginidad, intenciones nobles y actos bien intencionados. Puede pronosticar recompensas merecidas. En adivinación, el Tarot de las Brujas no distingue la colocación del derecho o invertida de una carta.

**IX. El Ermitaño.** Este solitario personaje encapuchado sugiere retiro y aislamiento, abandono del mundo y sus placeres. Señala prudencia y circunspección, pero también simboliza una persona poco comunicativa, insensible, reacia a enfrentarse a los hechos, que evita mostrar los sentimientos y que protege la intimidad hasta un punto exacerbado. El Ermitaño es un solitario, que se engaña a sí mismo y, con frecuencia, a los demás. Otros tarots más esotéricos demuestran mayor benevolencia con esta carta, y sostienen que indica a alguien que persigue la sabiduría divina y la verdad. Su retiro responde a un espíritu peregrino, no misántropo, en un viaje interior hacia la iluminación.

**X. La Rueda de la Fortuna.** Puede ser positiva o negativa, en relación con las cartas que la acompañen en la lectura. Entre sus significados se citan buena suerte, felicidad, algo oportuno o providencial, la respuesta a una pregunta o la solución a un problema. También conlleva connotaciones neutrales del destino, la suerte, inevitabilidad, un cambio que se aproxima, una culminación o un final. Si las cartas próximas no son propicias, la Rueda puede representar una embriaguez malsana, con éxito u honores y recompensas materiales.

**XI. La Fuerza.** Como su poderío muscular indica, significa poder físico, valor, fortaleza, liberación, realización alcanzada con un riesgo considerable. También puede implicar determinación, fuerza de voluntad, y resolución mental, así como convicción, confianza, energía e inclinación por la acción, y talento y destreza. Los aspectos más beligerantes son desafíos, conflictos, discusiones y conquistas.

**XII. El Colgado.** Martirio, sacrificio, sufrimiento y castigo son aspectos que sugiere esta misteriosa carta. También significa rendición, abandono, renuncia, progreso reprimido, o acción o pensamiento suspendido. Por otro lado, indica también regeneración y transición con el influjo de una vida nueva. El Colgado no pende de una horca sino de un árbol vivo, lo cual denota un renacimiento. Los estudiosos que usan el Tarot como guía esotérica espiritual en lugar de darle una utilidad adivinatoria, atribuyen a esta carta un alto significado místico. Para ellos, está más relacionada con la resurrección que con la muerte, y es una profunda expresión del vínculo entre el mundo divino y el material.

**XIII. La Muerte.** Esta carta no tiene por qué ser tan fatídica como su nombre, número y lúgubre imagen indican. De hecho, puede predecir desenlace, finalidad, pérdida, pérdida, fracaso, destrucción, enfermedad y muerte, pero también es posible que no refleje otra cosa que sorpresa, un cambio repentino e inesperado, y, quizás, una alegría camuflada.

Como el Colgado, sugiere vida en transición, transformaciones e inicios insospechados.

**XIV. La Templanza.** Paciencia, capacidad de adaptación, frugalidad, equilibrio y moderación son cualidades adscritas a esta carta. También indica una naturaleza reflexiva con la facultad de adecuación, arreglo y aceptación de la vida tal cual es. Otros significados abarcan la compatibilidad, el compañerismo, dotes de organización, fusión de fuerzas o consolidación de ganacias y buenas influencias. En una lectura, esta carta puede interpretarse como paternidad o influencia paterna.

**XV. El Diablo.** Satán representa las cadenas del materialismo, que esclavizan al hombre y a la mujer que han caído en desgracia espiritual. De forma alegórica, los personajes representan a Adán y Eva, y la cadena es una crítica a la fatalidad de una existencia meramente materialista. En adivinación, significa poder material y tentación de la carne, obsesión, violencia, suerte, esfuerzo prodigioso, debilidad y mezquindad. El Tarot del Crepúsculo Dorado no hace diferencias entre cartas del derecho y del revés, pero concede una atención especial a la interacción de las cartas, que puede alterar su significado.

**XVI. La Torre.** La Torre alcanzada por el rayo sugiere la ruina en todos sus aspectos, empezando por la materialización del mundo espiritual. También puede simbolizar la destrucción de la mente humana, que con arrogancia aspira a penetrar en los misterios sagrados, así como la futilidad de cualquier pensamiento que se aparta de Dios. La Torre denota conflictos, guerra, destrucción, peligro, adversidad, miseria, pobreza, desgra-

# El Tarot del Crepúsculo Dorado

Aunque sólo tuvo una vida de cincuenta años, la Orden Hermética del Crepúsculo Dorado dejó una marca indeleble en el ocultismo occidental. Sus iniciados combinaron el Tarot y la astrología con los misterios de la Cábala judía para crear una trama oculta de asombrosa complejidad.

El primer Tarot del Crepúsculo Dorado se supone que se le apareció por obra de magia a MacGregor Mathers, líder de la orden. En realidad, lo más probable es que las diseñara el propio Mathers y que las ilustrara su esposa, Moina MacGregor Mathers. Sin embargo, su uso se restringió a los iniciados, y no hubo una baraja al alcance del público hasta 1978, cuando el estudioso del ocultismo Robert Wang, mediante la utilización de antiguos cuadernos de la orden, colaboró con su colega Israel Regardie para reconstruir la baraja que se muestra aquí.

«Cuanto más Arriba, más Abajo», rezaba un lema del Crepúsculo Dorado. Significa que el hombre es un microcosmos del universo, y al comprenderse a sí mismo podía comprender todas las cosas. Para los miembros de la orden, la adivinación sólo representaba un incidente en el propósito del Tarot: instruir a los iniciados en los secretos más profundos del cosmos.

cia, decepción, desastres imprevisibles. También predice despotismo y encarcelamiento. En su único aspecto positivo puede señalar valor.

**XVII. La Estrella.** Es la belleza inmortal y la verdad por descubrir, que derrama bendiciones sobre el alma. También conlleva el significado místico del conocimiento universal, que recae sobre aquellos preparados para recibirlo. Sugiere inmortalidad e iluminación. La Estrella augura esperanza, fe y perspectivas prometedoras. No obstante, si las otras cartas no le son propicias, puede indicar desengaño, arrogancia, pérdida de poder y tal vez denote una persona excesivamente soñadora.

**XVIII. La Luna.** Simboliza el mundo de la imaginación que se adentra en lo desconocido. Representa la luz que refleja un deslumbrante foco primordial todavía no revelado; posible analogía de la luz del intelecto que alumbra débilmente una verdad espiritual más absoluta. Ilumina la naturaleza animal de la humanidad. Indica insatisfacción, equivocación, mentira, decepción, calumnia, terror, peligro, oscuridad, enemigos encubiertos, fuerzas ocultas en acción, silencio, inestabilidad e inconstancia.

**XIX. El Sol.** Es el emblema del pasadizo que conduce de la luz de este mundo a la del siguiente. Algunos simbolismos de la carta se refieren también a la iluminación a través del conocimiento propio, que rescata a la humanidad de su naturaleza animal y conduce a la unión con la conciencia trascendental. Los mensajes adivinatorios del Sol abarcan riqueza, ganancias, gloria, satisfacción material y buen matrimonio. En el caso de que las cartas que lo rodean sean desfavorables, toma los aspectos negativos de vanidad, ostentación y arrogancia.

**XX. El Juicio.** En ocasiones se la conoce como El Último Juicio y, en cierta medida, representa la concepción cristiana habitual de este evento. Pero también se le atribuye un sentido místico relacionado con la transformación del alma en respuesta al requerimiento de su dimensión más elevada. Además, implica resurrección y vida eterna. En el ámbito de la predicción denota decisiones concluyentes, juicios y sentencias, la resolución final de algo que no puede aplazarse por más tiempo. También puede pronosticar la pérdida de un pleito o algún tipo de cambio o renovación en la vida del sujeto que realiza la consulta.

**XXI. El Universo.** Conocida también como el Mundo en otras barajas del Tarot, esta carta acostumbra a ser propicia cuando aparece en una lectura, y pronostica éxito y justa recompensa. Sugiere también viajes, mundo material, reinado. Si se coloca en una mala posición, por el contrario, implica estancamiento e inercia. Representa al consultante o al sujeto de su inquisición. En términos esotéricos, significa el éxtasis y la perfección del universo cuando «se comprende a sí mismo a través de Dios», como apuntó A. E. Waite. Es el fin del viaje metafísico del alma, donde el conocimiento propio brinda una conciencia nueva y más elevada que conecta con el todo.

# El Tarot de los Gatos

En general, se dice que la adivinación a través de los Arcanos mayores revela la condición y el potencial espiritual, en
tanto que los menores se relacionan con realidades más mundanas, como ocupación, posición social, situación doméstica.
Sin embargo, los ocultistas asocian todos los palos a fuerzas
cinéticas místicas simbolizadas por los elementos fuego,
agua, aire y tierra. El palo de Bastos, conocido también con
el nombre de varas, palos, bastones o cetros, simboliza el
fuego. En términos de ocultismo, significa el mundo arquetí-
pico del espíritu puro. Rige la tierra, el autodesarrollo, la
creatividad, la ingenuidad, la energía, las ideas, la inspiración
y la pasión. No se representan como artefactos estériles, sino
como ramas vivas, noción que se corresponde con el aspecto
generativo de este palo.

Los bastos que aquí se exponen proceden del Tarot de los
Gatos, una imaginativa baraja moderna, interpretación de
Karen Kuykendall, pintora, escultora y amante de los gatos.

As de Bastos

**As de Bastos.** Carta de fertilidad
femenina, el As denota génesis,
creación, nuevas empresas,
laboriosidad, suerte, provecho,
herencia, nacimiento. Del revés indica
falsos comienzaos, planes frustrados,
vacío y decadencia.

Dos de Bastos

**Dos de Bastos.** Representa a un
individuo dominante, maduro, audaz,
bravo. También señala metas
alcanzadas y necesidades satisfechas.
Del revés, implica problemas, pérdida
de confianza, tristeza e impedimentos
impuestos por otros.

Tres de Bastos

**Tres de Bastos.** Pragmatismo,
sentido de los negocios y actividad,
recomienda tratos mercantiles y
comerciales. Invertido, su significado
se transforma en disminución de las
preocupaciones, ayuda con fines
ulteriores, recelo anta la asistencia
que se ofrece.

Cuatro de Bastos

**Cuatro de Bastos.** Representa
sociabilidad, armonía, paz, serenidad,
nuevas riquezas, cosecha después del
trabajo, descanso tras los conflictos,
enamoramiento. Del revés, predice
inseguridad, disminución de la
belleza, felicidad incompleta y amor
no correspondido

Cinco de Bastos

**Cinco de Bastos.** El poco propicio
cinco, indica deseos insatisfechos,
lucha con violencia, esfuerzo,
conflicto, barreras. Invertido,
complejidad, contradicciones y
trampas. Advierte contra la
indecisión.

Seis de Bastos

**Seis de Bastos.** Prevé victoria,
ganancias, flujos benéficos, progreso,
deseos alcanzados, metas realizadas,.
Invertido, el significado se transforma
en miedo, deslealtad, beneficio
superficial o insignificante.

Siete de Bastos

**Siete de Bastos.** Sugiere obstáculos superables en el camino hacia el éxito, victoria y ganancias. Del revés, indica ansiedad, indecisión, dudas, confusión, vergüenza y pérdida.

Ocho de Bastos

**Ocho de Bastos.** Describe rapidez, progreso en un futuro muy próximo y decisiones apresuradas. Del revés, peleas familiares, discordia, celos, estancamiento e irritabilidad.

Nueve de Bastos

**Nueve de Bastos.** Esta carta augura cambios, perspectiva problemática, problemas esperados, hiato durante una lucha, enemigos ocultos, anticipación, disciplina, orden. Del revés, denota mala salud, obstáculos, demoras, adversidad.

Diez de Bastos

**Diez de Bastos.** Carta de cargas, presiones o preocupaciones excesivas, que pueden resolverse en breve. También sugiere esfuerzo por mantener una posición, uso egoísta del poder. Invertida refleja problemas, duplicidad, intriga, desengaño....

Sota de Bastos

**Sota de Bastos.** Representa a una persona leal, amigo de confianza o desconocido bienintencionado, individuo constante, mensajero con noticias importantes. Del revés, esta carta sugiere indecisión, reluctancia, desagrado.

Caballo de Bastos

**Caballo de Bastos.** Augura partida, posiblemente hacia lo desconocido, vuelo, cambio de dirección, viaje, ausencia. Colocada del revés, significa conflictos, interrupción, disputas, cambio sorprendente, ruptura de una relación.

Reina de Bastos

**Reina de Bastos.** Emblema de amor, persona extrovertida, casta y serena, práctica, provista de encanto y gracia. Los significados inversos son celos, duplicidad, posible desconfianza, inconstancia, intransigencia, obstáculos, oposición.

Rey de Bastos

**Rey de Bastos.** Individuo paternal y benevolente, sabio, bien educado, maduro, honesto y consciente. Del revés augura una persona reflexiva propensa al dogmatismo, la severidad y la austeridad.

# El Tarot Mítico

Estas cartas están decoradas con divinidades y mortales legendarios del mundo griego, personajes destacados que simbolizan la naturaleza y la psíque humana. Esta representación subraya la cualidad arquetípica que con frecuencia se adscribe al Tarot. El psicólogo Carl Jung, entre otros, creía que los Arcanos mayores eran arquetipos, imágenes depositadas en el inconsciente colectivo, que tenían resonancia en el subconsciente de todas las mentes.

Diseñado por Juliet Sharman-Burke y Liz Greene e ilustrado por Tricia Newell, el Tarot Mítico salió a la luz en 1986. Su romanticismo conjuga a la perfección con el palo de Copas, que se muestran en estas dos páginas. El elemento de este palo es el agua y es el emblema del ámbito creativo. Se relaciona con amor, sueños, fantasía, y facultades artísticas psíquicas e intuitivas. Las Copas de la baraja Mítica están vinculadas principalmente a Eros, dios del amor, y Psique, su amante mortal. Es el relato del encuentro, la pérdida y la desconfianza de un amor, que acaba por reencontrarse gracias al valor.

**As de Copas.** El significado adivinatorio de la carta implica un torrente de emociones en estado puro, una relación nueva, el inicio de un viaje o de un asunto amoroso.

**Dos de Copas.** Al igual que el as, el dos predice el comienzo de una relación; además significa reconciliación tras una separación, amistades, contratos entre socios.

**Tres de Copas.** Implica satisfacción emocional y predice la celebración de un matrimonio, una nueva relación amorosa, el nacimiento de un niño, o una exploración más profunda del amor.

**Cuatro de Copas.** Una relación sin afecto que conducirá a la depresión, el aburrimiento y un posible resentimiento tácito. El efecto puede ser positivo sólo si los aspectos negativos impulsan al individuo a apartar viejas fantasías.

**Cinco de Copas.** Presagia un abuso de confianza que acarreará pesar y remordimientos; una posible separación, pero sin carácter definitivo. Una tentativa de compromiso en los asuntos del corazón.

**Seis de Copas.** Nostalgia de viejos amores; posible regreso de un antiguo amor; control de las fantasías románticas del pasado, que dará paso a un ánimo sereno y fuerte; probable resurgimiento y reconquista de una antigua relación amorosa.

### SEVEN OF CUPS

### EIGHT OF CUPS

### NINE OF CUPS

### TEN OF CUPS

**Siete de Copas.** Denota una situación sentimental –posiblemente una relación amorosa– con un gran potencial, que sólo se realizará si se efectúa una elección acertada y realista.

**Ocho de Copas.** Un vínculo emocional se transformará en una relación funesta. También sugiere depresión, luto, vacío y un futuro incierto y problemático.

**Nueve de Copas.** Promete placer, realización, satisfacción de un deseo muy preciado, la recompensa a un esfuerzo, la consumación de un compromiso.

**Diez de Copas.** La alegría predecida por el nueve tiene continuación en el diez, que también sugiere amor estable y una relación duradera.

### PAGE OF CUPS

### KNIGHT OF CUPS

### QUEEN OF CUPS

### KING OF CUPS

**Sota de Copas.** Nuevas emociones, nueva relación y nuevos sentimientos respecto a una relación antigua, resurgimiento de la capacidad amatoria, que comienza con la estima propia olvidada. Este renacer abarca la posibilidad del nacimiento de un niño.

**Caballo de Copas.** Romanticismo incipiente, embriaguez amorosa, enamoramiento, proposición de matrimonio. También es posible la exaltación de una expresión artística o poética.

**Reina de Copas.** Emociones mistericsas y contradictorias que tal vez lleven tiempo escondidas. Romanticismo, seducción femenina, probablemente la persona que realiza la consulta o la "otra mujer", y una profundización en la conciencia interior, son augurios de esta carta.

**Rey de Copas.** Es el que cura las cicatrices, el que, a causa del dolor que produjo una relación anterior –posiblemente con los padres– debe controlar el curso del amor a fin de evitar nuevas heridas. Puede simbolizar al consultante o a alguien con un papel importante en su vida.

# El Tarot de Rider-Waite

Si es que existe un Tarot estándar, tal designación podría referirse al que concibió el editor, escritor y ocultista británico Arthur Edward Waite. Waite encargó la ejecución de sus concepciones a Pamela Colman Smith, joven artista estadounidense, compañera del artista en la Orden Hermética del Crepúsculo Dorado. Esta baraja debe el nombre de Rider Waite a William Rider & Son Limited, artífice de su publicación en Londres el año 1910. En la actualidad, continúa siendo el Tarot más popular del mundo.

Waite afirmó que en su baraja depuró muchos disparates adscritos a las cartas con anterioridad. Místico devoto, despreciaba la adivinación por considerarla un uso corrupto, aunque ofreció significados proféticos para aquellos que quisieran utilizarlos.

El palo de Espadas, de forma y contenido simbólicos, se vincula al aire, y, principalmente, representa el pensamiento lógico y racional. Las Espadas también están relacionadas con los conflictos, la lucha, la búsqueda de la verdad y la necesidad de discernir decisiones y acciones concluyentes. En general, este palo es desfavorable.

**As de Espadas.** Carta muy influyente. Indica triunfo, conquista, grandes extremos, como amor u odio muy apasionado. Invertida, tiene las mismas connotaciones pero puede implicar desenlaces catastróficos.

**Dos de Espadas.** Sugiere equilibrio, valor, camaradería, hermandad en las armas, afecto e intimidad más profundos. Del revés, las predicciones se transforman en duplicidad, mentiras y deslealtad.

**Tres de Espadas.** Augura separación, ausencia, alteraciones, dispersión, demora. Del revés, indica errores, pérdidas, confusión, aturdimiento y enajenación mental.

**Cuatro de Espadas.** Retiro, soledad, el descanso de la reclusión, el ataúd y la tumba son predicciones de esta carta. Invertida, significa dotes de dirección, prudencia, economía y precaución, pero también codicia.

**Cinco de Espadas.** Los aspectos más destacados son la degradación, la infamia, la destrucción y la pérdida. Estos significados persisten con la carta invertida, pero con las desagradables connotaciones de muerte y entierro.

**Seis de Espadas.** Muestra un camino o ruta, un recorrido por agua, un mensajero o enviado y una oportunidad. Del revés comporta confesión, declaración o difusión.

**Siete de Espadas.** Implica planes, tentativas, esperanzas, pero al mismo tiempo significa discordia, molestias y planes desafortunados. Del revés, sugiere un buen consejo o una instrucción favorable, pero también calumnias y chismorreos.

**Ocho de Espadas.** Trae malas noticias, crisis, reproches, terribles decepciones, conflictos, hastío, calumnia, poder que encadena. Invertida, significa inseguridad, dificultades, traición, oposición, imprevistos, adversidad.

**Nueve de Espadas.** Carta siniestra que predice desolación, fracaso, demora, decepción, aborto, desesperación. Invertida, comporta encarcelamiento, miedo justificado, dudas o humillación.

**Diez de Espadas.** Comprende dolor, desolación, aflicción, tristeza. Del revés, presagia éxito, beneficios, favores –pero todos ellos temporales– y poder y autoridad.

**Sota de Espadas.** Indica autoridad, don de dirección, obligaciones secretas, espionaje y vigilancia. Del revés, la carta denota las mismas cualidades pero con un carácter maligno, así como enfermedad y cosas para los que no se está preparado e imprevistos.

**Caballo de Espadas.** Destreza, capacidad, valor, hostilidad, enojo, guerra, defensa, resistencia, destrucción, ruina, posible muerte. Invertida, significa incapacidad, extravagancia, mal juicio.

**Reina de Espadas.** La desdichada reina simboliza la pena, la vergüenza, la necesidad, la esterilidad, la separación, la viudedad femeninas. Invertida, se relaciona con el rencor, el sectarismo, la astucia, la mojigatería y el desengaño.

**Rey de Espadas.** Reina sobre el juicio, el poder para decretar la vida y la muerte, la inteligencia combativa, la ley. Invertida, refleja crueldad, traición, barbarie, perversidad y malicia.

# El Tarot de Thoth

Estilizada y con una carga erótica, la baraja de Thoth fue creación del excéntrico demonólogo británico, Aleister Crowley, otro iniciado del Crepúsculo Dorado. Crowley lo diseñó y Lady Frieda Harris lo pintó entre 1938 y 1943.

El Tarot de Thoth está repleto de simbolismos cabalísticos y astrológicos y su autor se permitió ciertas libertades al renombrar algunas cartas. Con los Arcanos menores designó los nombres cortesanos de Príncipe, Princesa, Reina y Caballo en lugar de los tradicionales Rey, Reina, Caballo y Sota. También añadió nombres a los números de las cartas del dos al diez de cada palo y utilizó el término «Discos» para el palo que aquí se expone, en lugar de «Oros», mucho más corriente. No hizo distinción entre la colocación derecha o invertida de las cartas; en su lugar, las catalogó de «favorecidas» o «desfavorecidas» en relación con las cartas circundantes.

Los Oros, palo de tierra, representan actividad y rigen la expresión física, el dinero, el trabajo y el aspecto material.

**As de Discos.** Crowley afirmó que la carta representaba "la raíz de los poderes terrenales", y la unidad mística con la tierra, el espíritu y la carne. Refleja trabajo, poder, riqueza económica, satisfacción y materialismo.

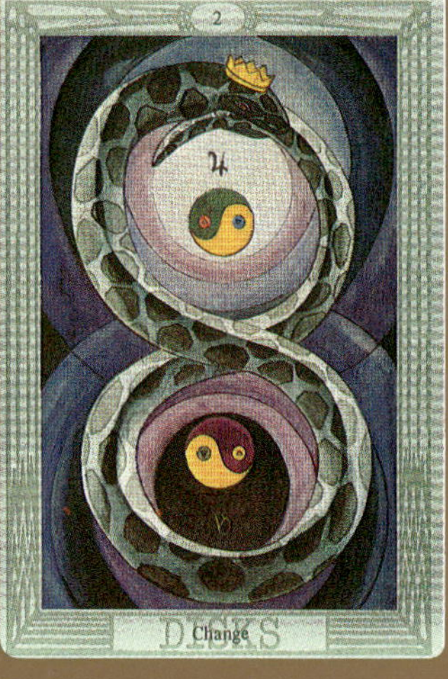

**Dos de Discos: Cambio.** Esta carta denota la transición armónica entre ganancias y pérdidas, fuerza y debilidad, alegría y tristeza. Puede significar ocupación, viajes, visitas a amigos. También representa a alguien tan diligente como informal.

**Tres de Discos: Trabajo.** El Tres rige los empleos, el comercio, la construcción, el auge material, el crecimiento, los inicios. Desfavorecida, representa a una persona egoísta, avara, llena de prejuicios y poco realista frente a las expectativas.

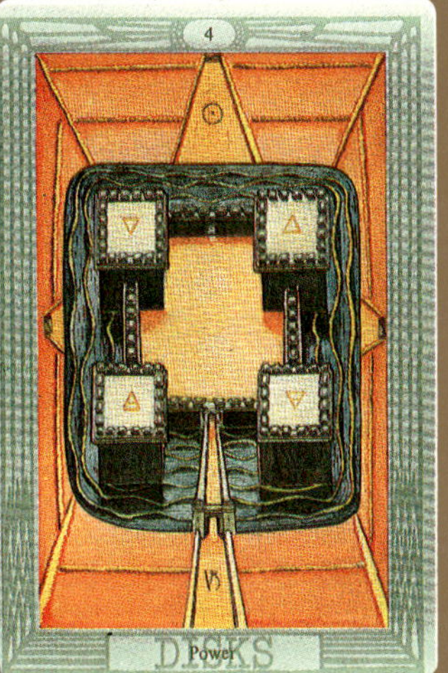

**Cuatro de Discos: Poder.** Se relaciona con la ley y el orden, el incremento de la riqueza y la influencia, la posición, la destreza física, el poder limitado a la esfera terrenal. Desfavorecida, significa codicia, desconfianza, predisposición, falta de originalidad.

**Cinco de Discos: Preocupación.** Sugiere labor, construcción, agricultura, e inteligencia aplicada al trabajo. Desfavorecida, indica inacción estresante, ansiedad en lo que a asuntos materiales se refiere, pérdidas económicas y penuria.

**Seis de Discos: Éxito.** Predice nobleza, poder y éxito material, aunque todos ellos pueden tener un carácter efímero y algo ilusorio. Sus aspectos desfavorables son la presunción, el despilfarro y la insolencia.

**Siete de Discos: Fracaso.** Esta carta refleja crecimiento final, trabajo digno que se realiza por la propia satisfacción sin esperar recompensa. Desfavorecida, significa pereza, labor abandonada, especulación improductiva, promesas vacías.

**Ocho de Discos: Prudencia.** Revela inteligencia, habilidad, ingenio y laboriosidad aplicados a objetivos materiales, como la agricultura y la construcción. Un Ocho desfavorecido implica codicia, mezquindad, tendencia a mostrarse puntilloso con insignificancias a costa de relegar asuntos más importantes.

**Nueve de Discos: Beneficio.** Promete buena suerte en el ámbito material, herencias y un espectacular incremento económico. Sin embargo, desfavorecida, refleja avaricia, hurto y conducta deshonrosa.

**Diez de Discos: Riqueza.** Brinda opulencia; el remate de una fortuna sin perspectivas de continuidad por falta de creatividad; la vejez. Desfavorecida, predice indolencia, disminución de la perspicacia mental y del beneficio material, abatimiento.

**Caballero de Discos.** Representa a un granjero, algo lento y excesivamente preocupado por las cuestiones materiales pero modesto y hábil con las manos. Desfavorecido, se transforma en alguien mezquino, huraño, receloso y avaro.

**Princesa de Discos.** Joven fuerte y bella, generosa, diligente, amable, nutriente, llena de vida y en sintonía con sus prodigios secretos. Desfavorecida comporta derroche, falta de armonía con la dignidad propia.

**Reina de Discos.** Mujer amable, encantadora y afectuosa; práctica, tranquila y hogareña, pero ambiciosa en aspectos útiles. Desfavorecida, se convierte en estúpida, servil y caprichosa, además de inestable y algo propensa al libertinaje.

**Príncipe de Discos.** Denota a un joven trabajador y lleno de energía, competente y práctico aunque torpe. Tiende a mostrar resentimiento ante aquellos con una inclinación más espiritual y aunque es poco propenso al enfado, si algo lo enoja, es incontenible.

# La Adivinación a través del Tarot

El Tarot no es un arte simple. Dominar todos los significados posibles de todas las cartas de las diversas barajas es una tarea ardua, pero la formación de un presunto tarotista en el arte de la cartomancia abarca una preparación mucho más compleja. El paso siguiente es decidir las cartas de la baraja que se utilizarán y su distribución. Algunos lectores utilizan las setenta y ocho cartas, otros, sólo los Arcanos mayores. En ambos casos, deben ordenarse en un determinado número de configuraciones. Las lecturas de algunas disposiciones tienen una duración de escasos minutos, mientras que puede llevar horas interpretar otras más complicadas. Las cartas se utilizan para responder una pregunta específica del consultante o con el fin de proporcionar una información general.

Abajo y en las tres páginas siguientes, se muestran una baraja Rider-Waite en tres de las tiradas más corrientes. Las lecturas corrieron a cargo de Fredrick Davies, consejero ocultista de gran renombre en Estados Unidos y Gran Bretaña. Sus interpretaciones no siempre se corresponden con los significados que se ofrecen en las páginas anteriores. Davies, aparte de tarotista es astrólogo, y en sus análisis figuran los astros.

Además, como muchos consejeros, confiere a las interpretaciones su propio talento esotérico.

La consultante de esta lectura de tres cartas es una artista Piscis, la tirada de siete corresponde a un ejecutivo Cáncer y la de diez a una escritora Géminis.

**Tirada de Tres Cartas.** Es una de las más simples, ideal para lecturas breves. Al principio, todas las cartas deben estar orientadas en la misma dirección. Después de barajarlas deben colocarse tal como salgan, del derecho o del revés según dicte la suerte. Como en la mayoría de lecturas, al empezar, el consultante debe mezclar y cortar las cartas y, después, se las entrega al tarotista, quien las despliega en abanico para que el sujeto escoja tres con la mano izquierda. El lector las destapa.

Como indica el pequeño diagrama que se muestra junto a la tirada, la carta número uno indica el pasado del consultante, la número dos el presente y la número tres el futuro. Aquí, las cartas son el Nueve de Espadas, el Siete de Copas y el Siete de Espadas. Davies efectuó la siguiente interpretación:

El Nueve indica que la consultante se halla preocupada por alguien o algo relativo a su pasado. Desea airear su problema, pero extenderse en detalles sería inútil. No debe cohibirse y tiene que hablar, pero al mismo tiempo debe ser breve y no decir demasiado antes de que sea tarde para remediarlo.

La carta de Copas denota transformaciones en su vida social cotidiana. Es posible que un ser querido proponga algo espontáneo referente a sus planes comunes. Debe mostrarse abierta a las posibilidades y flexible para adaptarse a situaciones de ese tipo.

El Siete de Espadas indica que el ser elegido no contará con la aprobación de familiares y amigos significativos. Criticarán a su amado para protegerla, pero no debe prestarles atención. Le conviene no dejarse intimidar y guiarse por el instinto. La carta también puede ser una analogía de su vida profesional y significar que alcanzará el éxito si sigue su propio rumbo, haciendo caso omiso de las críticas.

**Tirada de Siete Cartas.** Se conoce también por Tirada de Herradura a causa de su forma.

Una vez el consultante ha barajado y cortado las cartas, el lector las coloca de izquierda a derecha. Dispuestas en secuencia, las cartas representan (1) el pasado del consultante, (2) el presente, (3) el futuro, (4) los asuntos que tiene en mente, (5) otros en su vida, (6) obstáculos y (7) la resolución de una determinada cuestión, situación o condición. Las cartas que aparecieron en la lectura del ejecutivo fueron Los Enamorados, el Ocho de Bastos, el Tres de Copas, el Cinco de Copas, el Tres de Espadas, el Cuatro de Oros y el Nueve de Espadas. Davies la interpretó de la siguiente manera:

En su pasado, el consultante tuvo que elegir entre dos amores, quizás uno romántico y serio y otro apasionado. Justo al lado de Los Enamorados, el Ocho de Bastos aconseja diplomacia y tacto, en especial, con la pareja actual. Recomienda que modere la honestidad con la discreción, sobre todo si hay una tercera persona involucrada, pero también indica una elección o decisión inminente. El Tres de

Copas refleja intención de casamiento, o un matrimonio feliz si el consultante está casado. (Lo está.) Sin embargo, la carta indica, una vez más, la presencia de un tercer elemento. No es necesariamente una amante y no parece representar una amenaza para el matrimonio. Puede tratarse de un niño, una ex-mujer o ex-marido, tal vez un familiar o un pariente político.

El tema sentimental recae sobre el Cinco de Copas, el cual denota una propensión a los asuntos del corazón por parte del consultante. En el caso de encontrarse en un enredo sentimental, el Tres de Espadas recomienda separarse de una de las personas. La decisión al respecto se deja a su juicio, pero predice una consecución de su feliz matrimonio en el futuro.

Davies sugiere que el Cuatro de Oros puede significar que el tercer elemento del triángulo apuntado por la lectura no es una mujer, sino simplemente el trabajo. Quizá, la concentración en el trabajo actúe en detri-

mento de la relación con su esposa. Debe buscar el equilibrio y prestar la atención adecuada a su vida doméstica.

El Nueve de Espadas recomienda tacto una vez más, en especial si se desea que la situación tenga un desenlace favorable. «Dice, haga lo que haga, no le hable a nadie de ello con demasiado detalle –especificó el tarotista–, si cuenta algo, lo lamentará. Volverá y lo obsesionará. Es preferible pretender una ignorancia absoluta.» En el caso de que el consultante crea que es inevitable hacer algún tipo de elección sentimental, se recomienda no actuar o revelar las intenciones con precipitación. Debe reprimirse y esperar el momento apropiado.

**Tirada de Diez Cartas.** También conocida como Cruz Celta, esta tirada se utiliza desde antiguo y es muy popular entre los tarotistas. El consultante baraja y corta las cartas y el lector las coloca en la secuencia indicada en el esquema. Por orden, representan (1) la propia consultante, (2) lo que le ocupa la mente, (3) objetivos para el futuro, (4) el pasado, (5) el pasado reciente, (6) el futuro inmediato, (7) de nuevo la consultante, (8) transformaciones del entorno, (9) estado emocional y (10) resolución de la materia de interés y la situación.

Las cartas de esta lectura fueron El Mundo (invertida), el Dos de Copas, el As de Bastos, la Reina de Copas (invertida), el Ocho de Bastos, el Cinco de Copas, el As de Oros, el Siete de Copas, el Cuatro de Oros y El Mago (invertido). El consejo de Davies fue el siguiente:

La figura del Mundo, a pesar de su inversión, sugiere un consultante muy prometedor. Caiga como caiga, aseguró Davies, esta carta nunca es desfavorable. Aquí, indica perspectivas espléndidas e incluye la posibilidad de un viaje de negocios hacia puertos lejanos, tal vez en el Caribe o Suramérica. Todo encuentra su ubicación en su vida profesional y privada. Sin embargo, la inversión puede comportar una cierta inquietud o inseguridad a pesar de la buena suerte. «Todo será maravilloso en esta época –comentó Davies–, pero todavía no esta convencida de que sea así.»

Cruzada sobre el mundo, el Dos de Copas indica matrimonio. La carta es una de las más favorables para el matrimonio y, en este caso, sugiere que la consultante se siente segura en el suyo y tiende a centrar su pensamiento en otros asuntos, probablemente relacionados con su profesión. Se recomienda no caer en la complacencia y descuidar su matrimonio o no disfrutarlo.

El As de Bastos refleja «algo fantástico» en perspectiva referente a las metas del futuro. La carta predice grandes oportunidades, posiblemente un proyecto en el campo de la publicidad o la televisión. El pasado ha sido un poco menos satisfactorio, como denota la Reina de Copas invertida. Asociada al signo de Géminis de la escritora, el tarotista interpreta que los obstáculos y las dificultades del pasado se despejan y augura un futuro brillante. La inversión de la Reina indica que la consultante ha de esperar una vida amorosa más entretenida y azarosa.

El Ocho de Bastos indica que esta mujer ha entrado recientemente en una situación que requiere diplomacia y tacto. El Cinco de Copas predice buenas perspectivas sentimentales en el futuro próximo. Tal vez su matrimonio sea más estimulante. Es posible un asunto amoroso, aunque es igualmente probable que la persona nueva que entre en su vida se convierta en una apreciada amistad platónica o en un colaborador en una actividad profesional.

El As de Oros revela que la escritora tiene capacidad para ganar mucho dinero. Las perspectivas de incrementar beneficios aumentan más adelante, porque el As es una de las dos cartas propicias en este sentido que aparecen en la lectura. Insólito éxito financiero. El Siete de Copas indica transformaciones en el entorno de la escritura. Tal vez debería cambiar algunas cosas en su casa para facilitar el trabajo en ella. La carta siguiente, el Cuatro de Oros sugiere que su carrera, de hecho, ocupa un lugar preeminente en su pensamiento y sus sentimientos. Su preocupación constante al respecto puede ser un obstáculo en la vida doméstica a menos que se preocupe por demostrar a su marido la atención necesaria.

La última carta, El Mago, es especialmente propicia para Géminis. La consultante tiene el don de hacer magia con la palabra; es una maestra en la manipulación y puede conseguir que ocurra cualquier cosa con su escritura y en su vida. «El desenlace es maravilloso –auguró Davies–. Es como un nuevo comienzo.»

THE MAGICIAN
I

IV

VII

ACE of PENTACLES.

V

THE WORLD.
XXI
II


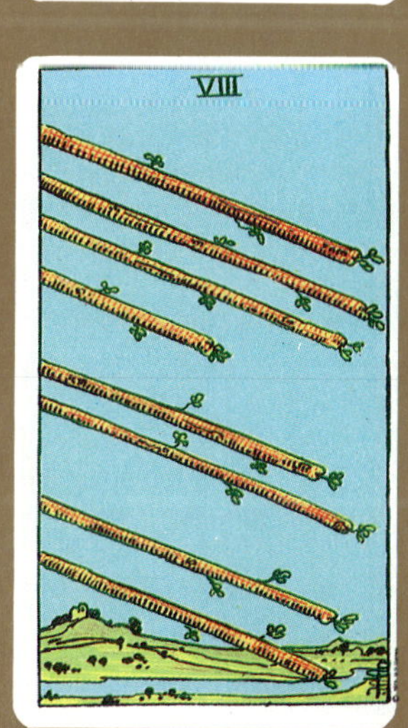

VIII

ACE of WANDS.


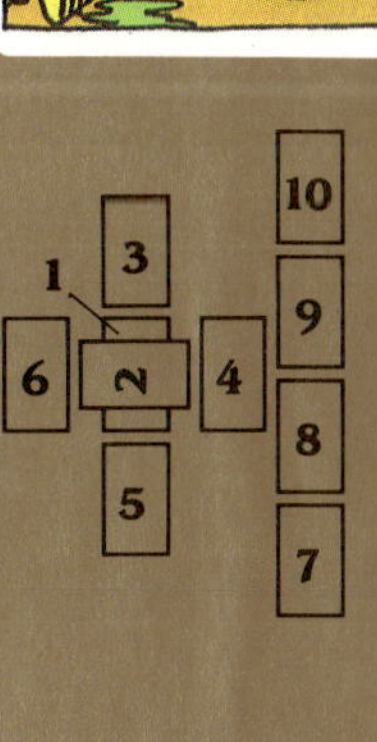

QUEEN of CUPS.

# CREDITOS DE ILUSTRACIONES

*A continuación se relacionan las fuentes de las ilustraciones de este libro. Los créditos que se refieren a las mostradas de izquierda a derecha se separan por punto y coma; los de las ilustraciones que ocupan una página de arriba a abajo se separan con guiones.*

Cubierta: Dibujo de Lisa Semerad, copiado por Larry Sherer. 7: Dibujo de Rebecca Butcher. 8: Mary Evans Picture Library, London. 9: ©1948 Karsh, Ottawa/Woodfin Camp & Associates. 11: Royal Air Force Museum, London. 12, 13: Cortesía de the Trustees of the British Library, London. 16: de *Nostradamus and the Millennium,* produced by Labyrinth Publishing S.A.; Archiv für Kunst und Geschichte, Berlin (West). 17: Imperial War Museum, London. 20: Foto cortesía de Edgar Cayce Foundation Archives. 21: AP/Wide World Photos. 23: de *From the Earth to the Moon: All Around the Moon,* Jules Verne, Dover Publications, Inc., New York, 1962. 24: Bulloz, Paris, cortesía de Institut de France, Paris. 26: Dibujo de Rebecca Butcher. 27: Scala, Florence, cortesía de Museo Civico, Piacenza. 28: © Eric Valli. 29: de *Fire and Ice: A History of Comets in Art,* de Roberta M. Olson, Walker & Company, New York, 1985. 30, 31: Harald Sund © 1979 Time-Life Books B.V., de *The Great Cities: Mexico City.*

33: Roger-Viollet, Paris. 35, 36: Tom Tracy, cortesía de U.S. Geological Survey, © 1982 Time-Life Books Inc. de *Planet Earth: Earthquakes.* 37: AP/Wide World Photos. 39: Ann Ronan Picture Library, Taunton, Somerset. 40: Werner Forman Archive/British Museum, London. 41: Ashmolean Museum, Oxford. 43: Larry Sherer, cortesía de Olde Towne Gemstones. 45: Dibujo de Kathleen Bober. 46-51: Dibujo de Kathleen Bober. 53: Cortesía de Nathaniel Altman. 57: Dibujo de Rebecca Butcher. 59: de *Cheiro's Complete Palmistry,* de Count Louis Hamon, © 1968, University Press, Inc. y Lyle Stuart, Inc. 60: Archiv für Kunst und Geschichte, Berlin (West). 62, 63: Paul Lau. 64: Roger-Viollet, Paris. 65: Yale Medical Historical Library, New Haven. 66: Department of Manuscripts and University Archives, Cornell University Libraries, Ithaca, New York. 67: de *The Octagon House: A Home for All,* de Orson S. Fowler, Dover Publications, Inc., New York. 68: Beecher Family Papers, Yale University Library, New Haven; cortesía de American Antiquarian Society—Oscar Lion Collection of Walt Whitman, Rare Books & Manuscripts Division, The New York Public Library, Astor Lenox & Tilden Foundations. 71: Brown Brothers—Images Colour Library Ltd., London/Leeds: The Charles Walker Collection. 73: Roger-Viollet, Paris. 75: Ceil O'Neil, alfabeto, cortesía de Macmillan Publishing Company/Palmer Method Handwriting. 76, 77: Ceil O'Neil—alfabeto, cortesía de Macmillan Publishing Company/Palmer Method Handwiring. 78, 79: Alfabeto, cortesía de

Macmillan Publishing Company/Palmer Method Handwiring. 81-85: Dibujo de Kimmerle Milnazik. 87: Dibujo de Rebecca Butcher. 88: Detalle de una pintura de Botticelli, fotografía Scala, Florence, cortesía de Galleria deglia Uffizi, Florence. 89: Austrian National Library, Vienna. 90, 91: Fresco de Andrea del Castagno, fotografía Scala, Florence, cortesía de Cenacolo di S. Apollonia, Florence. 92, 93: Dados, por John F. Schmidt, ovalos, por John Drummond. 94, 95: Dibujo de John F. Schmidt. 96, 97: Larry Sherer, cortesía de Jason Newman. 98: Horace Bristol/Photo Researchers, Inc. 99: de *Fortune Telling,* © Marshall Cavendish Ltd., 1974, Malcolm Scoular. 100: Institute of History and Philology, Academia Sinica, Taipei. 101: © 1958 Karsh, Ottawa/ Woodfin Camp & Associates. 102: Michael Holford, Loughton, Essex, cortesía de Science Museum/Wellcome collection. 105: Bibliothèque Nationale, Paris. 106: Scala, Florence, cortesía de Accademia Carrara, Bergano. 109: U.S. Games Systems, Inc., excepto la parte superior izquierda *The Mythic Tarot,* de Juliet Sharman-Burke y Liz Greene, Century Hutchinson, Simon & Schuster. Carta © Tricia Newell 1986. 110-115: U.S. Games Systems, Inc. 116, 117: Alicia Austin—U.S. Games Systems, Inc. 118, 119: Alicia Austin—de *The Mythic Tarot,* de Juliet Sharman-Burke y Liz Greene, Century Hutchinson, Simon & Schuster. Cartas © Tricia Newell, 1986. 120-123: Alicia Austin—U.S. Games Systems, Inc. 124-127: U.S. Games Systems, Inc.